村中洋介

災害

ど〜する 防災【土砂災害編】

信山社ブックレット

は じ め に

　みなさんは，国内で年間どれくらいの土砂災害が発生しているか知っていますか。国土交通省の調査によると 2018 年には，3459 件の土砂災害が発生したとされています。この数は，過去最多となっており，豪雨災害（2018 年であれば，西日本豪雨など）による影響もあるでしょう（2019 年の土砂災害発生件数は，1996 件でした。）。集計開始以降の土砂災害の年間平均発生件数は，1081 件（1982 年〜2018 年の平均）とされています。この平均発生件数は決して少なくないと思います。山が多く，火山灰などを含む土壌のあるわが国では，土砂災害の発生を防ぐことは難しいといえるかもしれません。

　近年では，法律の整備などによって，土砂災害の危険のある地域などの区域指定が行われるなどして，土砂災害に対する防災意識が高まってきているといえるかもしれません。

　それでも，土砂災害の危険のある地域に人が住まない状態とするのは，わが国の国土面積に限りがある以上難しいといえるかもしれません。土砂災害は，山岳地帯，田園地帯でのみ起こるものではなく，都市部であっても起こることがあります。

　大雨などによる土砂災害，地震による土砂災害などもありますので，災害発生のメカニズムとともに，土砂災害による被害を防ぐ方法を考えてみましょう。

　2020 年 7 月

村中　洋介

目　　次

目　次

2011 年台風 12 号　和歌山県田辺市

出典：(一財) 消防防災科学センター　災害写真データベース

2018 年北海道胆振東部地震

出典：(一財) 消防防災科学センター　災害写真データベース

2018 年西日本豪雨　広島県坂町

写真提供：国土交通省 中国地方整備局

2017 年九州北部豪雨　福岡県朝倉市

出典：（一財）消防防災科学センター　災害写真データベース

災害と法

ど～する防災【土砂災害編】

I 土砂災害と防災

1 土砂災害の種類とメカニズム

　土砂災害ということばを聞いたことがある人は多いと思いますし，多くの人は，土砂災害がどのようなものかイメージが沸くと思います。

　しかし，土砂災害が起こる原因は様々です。また，災害対策基本法は，「災害」を，「暴風，竜巻，豪雨，豪雪，洪水，崖崩れ，土石流，高潮，地震，津波，噴火，地滑りその他の異常な自然現象又は大規模な火事若しくは爆発その他その及ぼす被害の程度においてこれらに類する政令で定める原因により生ずる被害をいう。」と定めています（災害対策基本法2条1号）。

　この災害の定義の中に「土砂災害」ということばはありませんが，それに当たるものとして，「崖崩れ，土石流，地滑り」ということばが含まれています。

　これらのことばを聞くと，それぞれが土砂災害に含まれるというイメージは付きますが，それぞれどのようなものであるかを正しく理解できている人は少ないのではないでしょうか。

　まずは，「崖崩れ，土石流，地滑り」を含めて，土砂災害とはいったいどのようなもので，どのような時に起こるのかを初めに学んでおきましょう。なお，災害対策基本法上の用語としては，「崖崩れ，土石流，地滑り」となっていますが，以下では，引用を除いて，「がけ崩れ，土石流，地すべり」と表記します。

○ がけ崩れ

　がけ崩れは，急な斜面が突然崩れ落ちる現象をいいます。一般的には，雨水の浸透や地震等で地盤がゆるみ，崩れ落ちるとされます。崩れ落ちるまでの時間が短く，逃げるまでの時間も少ないために，人命を奪うことの多い災害といわれます。

がけ崩れ

関東地方整備局ウェブサイトより（https://www.ktr.mlit.go.jp/river/bousai/ river_bousai00000078.html, 2020年7月10日最終閲覧）

　一般的には，台風などの豪雨災害の一部として，または地震の揺れによって発生することが多いがけ崩れですが，そうした自然災害に起因することなく，発生する事例があります。
　2020年2月5日には，神奈川県逗子市で，がけ崩れが発生し，がけ下の道路を歩行中の高校三年生が巻き込まれて死亡しました。天候の悪化や地震等が直接的に影響したわけではありませ

んが，風化した凝灰岩⁽¹⁾が崩落したものと考えられ，植生など
があまりないことなどから温度変化などの影響を受けやすかっ
たのではないかとされています⁽²⁾。

　また，2020年4月24日には，同じく神奈川県逗子市で犬の
散歩中に行方不明になっていた男性が，がけ崩れに巻き込まれ
て死亡しているのが確認されました。周辺では，4月18日に
は雨が上がったものの，防犯カメラの映像などから4月20日
頃にがけ崩れに巻き込まれたものと考えられていますが，詳し
い発生時期や原因については分かっていません。

　がけ崩れをはじめとする土砂災害は，大雨や地震などと関連
づけて紹介されることの多い災害です。しかし，前の事例での
触れたように，がけ崩れなどの傾斜の急な斜面の崩落は日常生
活の中でも起こりうるものですし，土砂災害への警戒という意
識が昔に比べて備わっているはずの現在でも，死亡という結果
を伴う被害が発生します。

　私たち自身が日々の生活の中で，前兆現象などへの意識を向
けることももちろんですが，土地などの所有者・管理者が，斜
面の適切な管理，整備を行うことも必要になります。

　後に触れる裁判例や法制度も踏まえて，土砂災害防止につい
て考えてみましょう。

---

(1)　火山灰が固まってできた岩石。

(2)　国土交通省資料（https://www.mlit.go.jp/river/sabo/r1pdf/
gaketenkenpoint.pdf，2020年7月10日最終閲覧）参照。

　がけ崩れに関しては，主な前兆現象として次のようなものが
あるとされています。また，降雨の後や地震の後など地盤がゆ
るんでいる状況では，がけ崩れをはじめとする土砂災害の発生
リスクが高くなりますので，天候などの状況も踏まえて注意す
ることが必要になるでしょう。

・主な前兆現象

がけにひび割れができる

小石がパラパラと落ちてくる

がけから水が湧き出る

湧き水が止まる・濁る

地鳴りがする

政府広報オンラインより（https://www.gov-online.go.jp/useful/article/
201106/2.html，2020 年 7 月 10 日最終閲覧）

○ 土 石 流

　土石流は，主として大雨がきっかけとなり，谷や斜面にた
まった土砂，山や川などの石が大雨などによって一気に押し流
されることによって発生する現象です。大雨などを起因として
発生するもので，豪雨災害の発生した際には土石流の発生件数
が多くなります。ひとたび土石流が発生すると，時速 20～40km
という速い速度で人家などに迫ることから，「山津波」，「てっ
ぽう水」などともいわれてきました。

土石流

関東地方整備局ウェブサイトより（https://www.ktr.mlit.go.jp/river/bousai/
river_bousai00000078.html，2020 年 7 月 10 日最終閲覧）

国土交通省ウェブサイトより（https://www.mlit.go.jp/mizukokudo/sabo/
dosekiryuu_taisaku.html，2020 年 7 月 10 日最終閲覧）

　大雨などの際に山肌が崩れて土砂が押し寄せた映像を見たことがある人も多いと思います。そのような現象が土石流にあたります。

　2014年には，広島市（安佐南区，安佐北区）において大規模な土砂災害が発生しました。この災害では，土石流107ヶ所，がけ崩れ59ヶ所が発生したとされており[3]，大雨を原因として多くの土石流が発生したことが分かります。

　土石流はがけ崩れに比べて大規模な被害を発生させることがあり，大雨の時に発生する土砂災害の中でも注意が必要なものといえるでしょう。

　土石流に関しては，主な前兆現象として次のようなものがあるとされています。

・主な前兆現象

山鳴りがする

急に川の水が濁り，流木が混ざり始める

腐った土の匂いがする

降雨が続くのに川の水位が下がる

立木が裂ける音や石がぶつかり合う音が聞こえる

政府広報オンラインより（https://www.gov-online.go.jp/useful/article/201106/2.html，2020年7月10日最終閲覧）

---

[3]　国土交通省資料（https://www.mlit.go.jp/river/sabo/H26_hiroshima/141031_hiroshimadosekiryu.pdf，2020年7月10日最終閲覧）参照。

○ 地すべり

　地すべりは，斜面の一部あるいは全部が地下水などの影響によってゆっくりと斜面下方に移動する現象です。次の図にあるように，地すべりは広い範囲の斜面が移動することがあり，大きな被害をもたらすことがあります。

　地すべりは目に見えないくらいの移動をすることもあれば，突然大きく動くこともあります。また，地すべりによって川がせき止められるなど，次の図のように地すべりに起因して様々な被害を生じることがあります。

地すべりによる被害

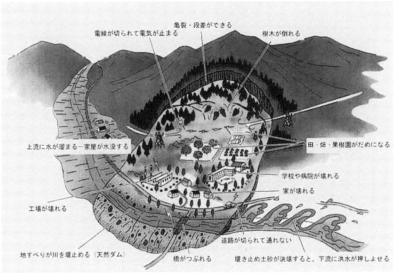

国土交通省ウェブサイトより（https://www.mlit.go.jp/mizukokudo/sabo/jisuberi_taisaku.html，2020年7月10日最終閲覧）

地すべり

関東地方整備局ウェブサイトより（https://www.ktr.mlit.go.jp/river/bousai/river_bousai00000078.html，2020年7月10日最終閲覧）

　2018年に国内で発生した土砂災害3459件のうち，地すべりは131件であり，土砂災害の中での割合は多くありません。

　一方で，2018年に発生した積雪・融雪による土砂災害43件のうち，地すべりは32件とされています。また，北海道胆振東部地震による土砂災害227件のうち地すべりは0件，2018年台風24号による土砂災害175件のうち地すべりは1件とされるなど原因となる災害や地域の地盤などによって発生状況が異なるものといえます。

　地すべりは地下水などの影響によることから，積雪・融雪などの起因となる災害のほか，地域の特性があるということができます。しかし，地震や豪雨災害時に全く発生しないわけではありません。2018年の西日本豪雨では，2581件の土砂災害の

うち地すべりが 56 件発生したとされています。土石流やがけ崩れに比べれば少ない件数ですが，大雨によって地下水などへの影響がある場合には，大きな被害をもたらす地すべりが発生する可能性があります。

　地すべりに関しては，主な前兆現象として次のようなものがあるとされています。

・主な前兆現象

　　地面がひび割れ・陥没

　　がけや斜面から水が噴き出す

　　井戸や沢の水が濁る

　　地鳴り・山鳴りがする

　　樹木が傾く

　　亀裂や段差が発生

　政府広報オンラインより（https://www.gov-online.go.jp/useful/article/
　201106/2.html，2020 年 7 月 10 日最終閲覧）

○ その他の土砂災害

　土砂災害として主なものとしては，前に示した，がけ崩れ，土石流，地すべりですが，火山災害（噴火災害）によって引き起こされる土砂災害もあります。

　火山災害は，主に噴火など火山の活動によって発生する溶岩流，火砕流，火山噴出流，火山泥流などによって被害をもたらすものです。

　この中でも，火山からの火山噴出物と水が混合して地表を流れる現象を火山泥流といいます。火山噴出物が雪や氷河を溶かす，火砕物が水域に流入する，火口湖があふれ出す，火口から熱水があふれ出す，降雨による火山噴出物の流動，などを原因として発生し，時速数十kmの速さで迫ることがあります。

　この火山泥流は土石流のような被害をもたらします。また，火砕流が起こった後や堆積した火山灰に降雨がある場合にも土石流が発生する事が知られています。

　このように火山災害に関連するものの中に含まれる土砂災害も存在します。

1990年雲仙普賢岳の噴火での火山泥流，土石流の発生状況

国土交通省北陸地方整備局神通川水系砂防事務所ウェブサイトより（http://www.hrr.mlit.go.jp/jintsu/kids/dosha/images/01_dosha_ph12.jpg，2020年7月10日最終閲覧）

　このほか，「山腹に積もった雪が重力の作用によって斜面を崩れ落ちる」ことを意味する「雪崩」も土砂災害の一つといえます。雪崩危険個所とされる箇所は，全国に約 20,000 箇所あるとされています。日本海側を中心とした豪雪地域では，雪崩による災害にも注意しなければなりません。

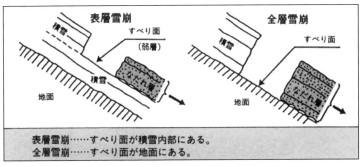

国土交通省ウェブサイトより（https://www.mlit.go.jp/mizukokudo/sabo/nadare.html，2020 年 7 月 10 日最終閲覧）

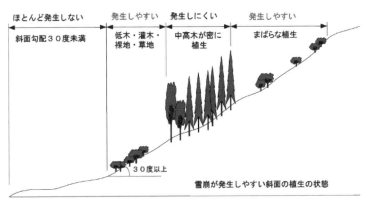

国土交通省ウェブサイトより（https://www.mlit.go.jp/mizukokudo/sabo/nadare.html，2020 年 7 月 10 日最終閲覧）

全国の集落雪崩発生件数と死者・行方不明者数（R1.6.30時点）

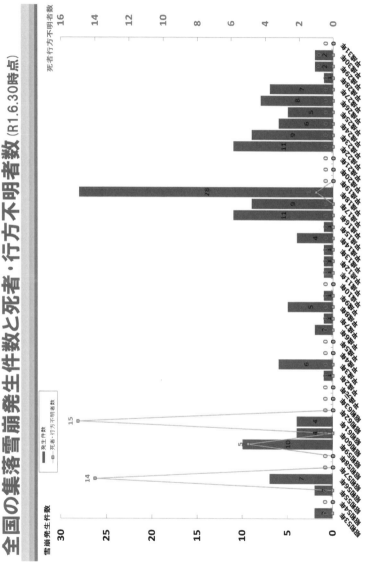

国土交通省ウェブサイトより（https://www.mlit.go.jp/mizukokudo/sabo/nadare.html、2020年7月10日最終閲覧）

　次のページ以降にあるように，土砂災害は，毎年一定程度発生しています。そして，その発生原因となる「大雨」や「大規模な地震」といった大きな災害が発生した際には，その発生件数が多くなることが分かります。

　2020年にも九州地域を中心に梅雨の時季に豪雨災害が発生し，2019年には台風21号に伴う豪雨災害が発生し関東東北地域被害をもたらし，2018年にも西日本豪雨が発生し，中国地方などに被害をもたらしました。

　近年，日本列島は，多くの災害に見舞われていますが，毎年のように豪雨災害が発生しています。例に挙げたものは，広い範囲での大雨ですが，局地的な豪雨災害も発生しています。そうした土砂災害の原因となる災害に見舞われる可能性のある中で，どのように土砂災害対策を行っていくべきか，土砂災害に関する法や過去の事例を基に考える必要があるでしょう。

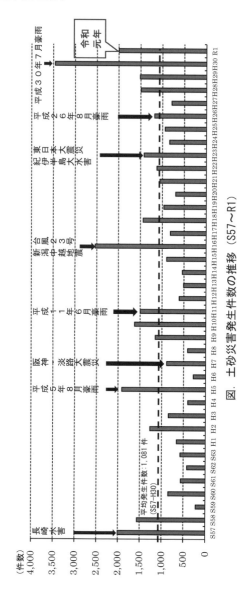

図．土砂災害発生件数の推移（S57〜R1）

国土交通省ウェブサイトより（https://www.mlit.go.jp/report/press/sabo02_hh_000091.html，2020年7月10日最終
閲覧）

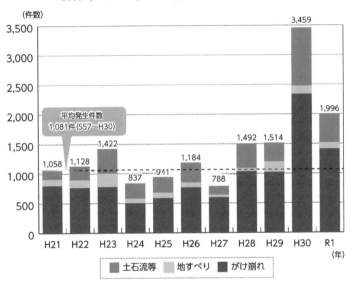

2009 年〜2019 年の 10 年間の土砂災害発生件数

政府広報オンラインより（https://www.gov-online.go.jp/useful/article/201106/2.html，2020 年 7 月 10 日最終閲覧）

2 土砂災害による被害

　土砂災害は，他の災害を原因として発生することが多いため，「土砂災害」単独の被害だけではなく，その前後に大雨や地震などの被害を伴うことがあります。このため，土砂災害と他の災害が合わさって複合的な（大規模な）被害をもたらす可能性があります。

　次の図のように，上流での土石流の発生によって下流域でも被害が発生することが考えられます。下流域での大規模な河川の氾濫の原因が上流の土砂災害にあるというような被害は，近年の豪雨災害で多くみられます。

図：土砂・洪水氾濫のイメージ

・上流域で斜面崩壊や土石流等によって多量の土砂が生産

・谷出口より下流の勾配の緩い区間で広域に土砂と泥水が氾濫

土石流

土石流

・土砂災害警戒区域（イエローゾーン）より下流で発生

・土砂・洪水氾濫

国土交通省ウェブサイトより（https://www.mlit.go.jp/mizukokudo/sabo/doshakozuihanran.html, 2020 年 7 月 10 日最終閲覧）

　自分の住んでいる地域では降雨が少なく，土砂災害も起こっていないからといって，「安全」であるとはいえない状況が発生するのです。

　また，土石流などの土砂災害によって岩や木などが河川に流され，そうした流木などによって，橋や堤防が崩壊する可能性もあります。

　上流で発生する土砂災害が，一見すると土砂災害には関係のない下流の平地に甚大な被害をもたらす可能性があるため，「土砂災害への対策」も防災上重要な課題といえるでしょう。

　土砂災害が発生しやすい場合としては，前にも述べたように大雨などが挙げられます。近年，前線などによる集中豪雨や台風に伴う雨雲によってもたらされる大雨なども多く発生しています。最近は，「線状降水帯」[4]と呼ばれる線状に伸びる雨雲によって，同じ箇所で雨が降り続くことによる災害をニュースなどで耳にすることもあります。2018年の西日本豪雨や2020年7月の九州での豪雨災害などは，この線状降水帯による豪雨災害として記憶に新しいところです。

　また，局地的な大雨によって，狭い範囲に集中的に降雨がある，いわゆる「ゲリラ豪雨」ともいわれるものもあります。こ

---

(4)　次々と発生する発達した雨雲（積乱雲）が列をなした，組織化した積乱雲群によって，数時間にわたってほぼ同じ場所を通過または停滞することで作り出される，線状に伸びる長さ50〜300km程度，幅20〜50km程度の強い降水をともなう雨域のこと（気象庁ウェブサイトより〔https://www.jma.go.jp/jma/kishou/know/yougo_hp/kousui.html，2020年7月10日最終閲覧〕）。

れらのような大雨は，その地域でこれまでに経験のないような降水量を伴うことが多く，多くの場合には「水害」(5)の発生につながります。それとともに，土壌の水分量が飽和状態になるなどして，土砂災害の発生の原因ともなります。

　また，土砂災害が発生しやすい場所としては，次のようなものがあるとされています。

(1)	扇状地	山間部の大雨によって山崩れが起こると，土石流が扇状地（川が山地から平地へと流れ出るところにできた扇状の土地）を直撃する可能性があります。
(2)	造成地	盛土地では，地質・地形が不安定なので，大雨が降ると地盤がゆるみ崩れる危険があります。水抜きの穴から濁った水が出始めたら要注意です。
(3)	山岳地帯	大雨や地震によって山崩れが発生します。樹木の少ない山間部では土石流の危険が大きくなります。
(4)	急傾斜地	急傾斜地では崖崩れに注意が必要です。崖崩れは，豪雨等によって突然起こりますので，早めの避難に心がけましょう。

内閣府ウェブサイトより（http://www.bousai.go.jp/kohou/kouhoubousai/h27/79/special_02.html, 2020 年 7 月 10 日最終閲覧）

---

(5)　水害に関しては，本書のシリーズである『ど～する防災【水害編】』（信山社，2019 年）についても参照してください。

　土砂災害の発生しやすい場所には，「土砂災害危険箇所」として，指定されているものもあります。

　土砂災害危険箇所とは，土石流危険渓流[6]，地すべり危険箇所[7]，急傾斜地崩壊危険箇所[8]の総称のことで，警戒避難体制を構築し土砂災害による被害を防止するため，1966年度より調査が開始されました。Ⅱでも詳しく触れる土砂災害防止法（2000年制定）に基づく土砂災害警戒区域等の指定によって，土砂災害の危険な箇所には法的な規制がかけられている例もあります。

　土砂災害危険箇所は，525,307箇所とされており[9]，土砂災害危険区域（土砂災害特別警戒区域を含む）は，622,036区域とされています[10]。これらは，重複している箇所が多いとされますが，一方で，これらに含まれない地点であっても現在調査段階という地点もあり，これらに指定されていない地点が土砂災害の危険がないというわけではありません。

　近年，大きな地震や豪雨災害に見舞われる中で，地形が変化することもありますし，人の手による開発によって地形が変化することもあります。潜在的に土砂災害の危険がある地域を発見することも土砂災害の対策には効果的なことといえるでしょ

<hr>

(6)　土石流による被害の発生するおそれのある渓流。
(7)　地すべりによる被害の発生するおそれのある箇所。
(8)　急傾斜地崩壊（がけ崩れ）により被害のおそれのある箇所。
(9)　国土交通省資料より（https://www.mlit.go.jp/common/001286018.pdf，2020年7月10日最終閲覧）。
(10)　国土交通省資料より（https://www.mlit.go.jp/common/001334532.pdf，2020年7月10日最終閲覧）。

う。

　静岡大学の牛山教授らの調査では，土砂災害による死者・不明者の88％は，土砂災害の危険箇所周辺で被災しているとされています[11]。

　土砂災害の危険性が指摘されている地点付近では，大雨などの土砂災害の原因となる災害時の避難行動などの必要性を示すものでしょう。

○ 土砂災害に関するエピソード

　内閣府ウェブサイトの中では，次のような土砂災害に関するエピソードが紹介されています。

> 　私もあそこに家を建てるときに心配はあったんです。それでいろいろ人に聞いて回りましたが，「あそこは岩山じゃけん崩れることはありませんよ」と，何人ものお年寄りが言われたんで，大丈夫だろうと思って家を建てました。事実，65年くらい前のものすごい水害の時にもあまり崩れなかったんです。それでも今回崩れたのは，よほどの雨が降ったのと，この地域の岩は花こう岩なので，ずいぶん風化が進んだのが原因かなと思っています。時が経つと岩も風化が進むので，その辺も考えなきゃいけないですね。

内閣府ウェブサイトのものを要約（http://www.bousai.go.jp/kyoiku/keigen/ichinitimae/cgh22017.html，2020年7月10日最終閲覧）

---

(11)　「土砂災害，9割が危険箇所周辺「ハザードマップ確認を」」（朝日新聞DIGITAL2018年7月8日：https://www.asahi.com/articles/ASL775QSHL77PLBJ00B.html，2020年7月10日最終閲覧）。

　この中にあるように，災害に強い場所かどうかは，「これまでに災害が起こらなかったから」という理由では不十分なことがあります。

　このエピソードの中にあるように，土地の風化や人工的な開発による影響などによって，土地が崩れやすくなることや土地の貯水量の減少など，時とともに土地の災害に耐えうる能力が減少する可能性があります。

　さらに，近年の豪雨災害のように，「観測史上最大」ともいわれる降雨量など，これまでに経験したことのない気象現象が起こりうる中では，「これまでに災害が起こらなかったから」という理由で「安全」を担保することはできないでしょう。

　行政の作成するハザードマップも「万全」なものではなく，「安全」な場所を示すものではありません。ハザードマップは，危険な場所を示す一つの資料でしかないのです。私たちは様々な災害に見舞われる可能性があり，その災害それぞれに対して自ら知識を身に付け，行動することが求められているといえるでしょう。

3　土砂災害の防災対策

　土砂災害の防災対策としては，土砂災害に関連する法整備などを進めて土地利用規制などを行っているほか，土砂災害を防ぐための砂防施設の充実や避難に関する情報の発信，避難誘導，土砂災害の原因となる豪雨災害などに関する情報の発信などがなされています。

　土砂災害に関連する法制度については，Ⅱで述べることとして，ここではその他の対策について紹介したいと思います。

○ 土砂災害警戒情報

　土砂災害警戒情報は，大雨警報（土砂災害）の発表後，命に危険を及ぼす土砂災害がいつ発生してもおかしくない状況となったときに，市町村長の避難勧告等の発令判断や住民の自主避難の判断を支援するために，警戒を呼びかける情報とされます。

　土砂災害警戒情報は，過去に発生した土砂災害を調査した上で「この基準を超えると，過去の重大な土砂災害の発生時に匹敵する極めて危険な状況となり，この段階では命に危険が及ぶような土砂災害がすでに発生していてもおかしくない」という基準を設定し，避難にかかる時間を考慮して基準到達するとされる際に速やかに発表されることとなっています。

　このため，土砂災害警戒情報が出された時点で速やかな避難が開始することが求められることになります。

　大雨の際のニュース映像で，次のような色分けされた地図を見ることがあると思います。土砂災害警戒情報は，この中で警戒レベル4相当とされる状況で発表されることになります。

気象庁ウェブサイト より（https://www.jma.go.jp/.ma/kishou/know/bosai/doshakeikai.html, 2020 年 7 月 10 日最終閲覧）

　気象庁は，大雨に対する警戒とともに，長時間にわたる雨や局地的な豪雨に際しては，土砂災害への警戒が必要なことから，土砂災害に関する情報を発表しています。

　色分けされた地図の色によって土砂災害の危険度を表し，「極めて危険」（濃い紫色），「非常に危険」（うす紫色）については，土砂災害警戒情報の発表対象として，警戒レベル4相当とされ，「警戒」（赤色）は警戒レベル3相当，「注意」（黄色）は警戒レベル2相当として，危険度を表ししています。

　「警戒レベル」ということばが出てきていますが，これは，「避難勧告等に関するガイドライン」が2019年3月に改定され，住民は「自らの命は自らが守る」意識を持ち，自らの判断で避難行動をとることが改めて示されるとともに，地方公共団体や気象庁等からの情報提供について，住民がとるべき行動を直感的に理解しやすくなるよう，5段階の警戒レベルを明記した情報が提供されることとなったことにより使われるようになりました。

　警戒レベルの意味する内容が周知されると，避難が必要かどうかを認識し，行動に移すことができるようになるかもしれませんが，次のページ以降に示す警戒レベルに応じた情報や住民の行動について，十分に周知されていないのではないかという危惧があります。土砂災害だけではなく様々な災害に対応するものですので，しっかりと覚えておく必要があるでしょう。

警戒レベルを用いた避難勧告等の発令について

警戒レベル	住民が取るべき行動	住民に行動を促す情報 避難情報等	住民が自ら行動をとる際の判断に参考となる情報 （警戒レベル相当情報）		
			洪水に関する情報		土砂災害に関する情報
			水位情報がある場合	水位情報がない場合	
警戒レベル5	既に災害が発生している状況であり、命を守るための最善の行動をとる。	災害発生情報※1 ※1 可能な範囲で発令	氾濫発生情報	（大雨特別警報（浸水害））※3	（大雨特別警報（土砂災害））※3
警戒レベル4	・指定緊急避難場所等への立退き避難を基本とする避難行動をとる。 ・災害が発生するおそれが極めて高い状況等となっており、緊急に避難する。	・避難勧告 ・避難指示（緊急）※2 ※2 緊急的又は重ねて避難を促す場合に発令	氾濫危険情報	洪水警報の危険度分布（非常に危険）	・土砂災害警戒情報 ・土砂災害に関するメッシュ情報（非常に危険） ・土砂災害に関するメッシュ情報（極めて危険）※4
警戒レベル3	高齢者等は立退き避難する。その他の者は立退き避難の準備をし、自発的に避難する。	避難準備・高齢者等避難開始	氾濫警戒情報	・洪水警報 ・洪水警報の危険度分布（警戒）	・大雨警報（土砂災害） ・土砂災害に関するメッシュ情報（警戒）
警戒レベル2	避難に備え自らの避難行動を確認する。	洪水注意報 大雨注意報	氾濫注意情報	洪水警報の危険度分布（注意）	・土砂災害に関するメッシュ情報（注意）
警戒レベル1	災害への心構えを高める。	警戒級の可能性			

※3 大雨特別警報は、洪水や土砂災害の発生を示唆しているものの、災害が既に発生している蓋然性が極めて高い情報として、警戒レベル5相当情報（洪水）や警戒レベル5相当情報（土砂災害）として用いる。ただし、市町村長は警戒レベル5の災害発生情報の発令に参考として活用する。

※4 「極めて危険」については、現行では避難指示等（緊急）の発令の判断に資するための情報であるが、今後、技術的な改善を進めた段階で、警戒レベル4への位置付けを改めて検討する。

注）市町村が発令する避難勧告等の対象は、現行では避難勧告・避難指示（緊急）であるが、土砂災害については市町村長が判断して発令するものであることから、警戒レベル相当情報が出されたとしても発令されないことがある。警戒レベル相当情報が提供する土砂災害危険度情報（大雨警報（土砂災害）の危険度分布、都道府県と気象庁が共同で分析、都道府県砂防課が分析する土砂災害危険度メッシュ情報（大雨警戒判定メッシュ情報）を「土砂災害に関するメッシュ情報」と呼ぶ。

気象庁ウェブサイトより（http://www.bousai.go.jp/oukyu/hinankankoku/h30_hinankankoku_guideline/index.html, 2020年7月10日最終閲覧）

5段階の警戒レベルと防災気象情報

警戒レベル	住民が取るべき行動	市町村の対応	気象庁等の情報		相当する避難情報レベル
5	災害がすでに発生しており、命を守るための最善の行動をとる	災害発生情報 ※可能な範囲で発令 ・大雨特別警報発表時は、避難勧告等の発令区域を再度確認	大雨特別警報	氾濫発生情報 危険度分布 極めて危険	5相当
4	速やかに避難 ・危険な区域からの速やかな立退き避難を基本とした避難	避難指示（緊急） ※緊急的又は重ねて避難を促す場合等に発令 避難勧告 第4次防災体制（災害対策本部の設置）	土砂災害警戒情報 高潮特別警報 高潮警報	氾濫危険情報 非常に危険	4相当
3	高齢者等は避難 土砂災害警戒区域や浸水想定区域等にお住まいの方は、避難準備が整い次第、避難開始 高齢者等は速やかに避難	避難準備・高齢者等避難開始 第3次防災体制（避難準備のための体制・組織の設置）	大雨警報（土砂災害）洪水警報 高潮注意報（警報に切り替える可能性が高い）	氾濫警戒情報 警戒（警報級）	3相当
2	ハザードマップ等で避難行動を確認	第2次防災体制（避難勧告・高齢者等避難開始の発令を判断できる体制） 第1次防災体制（連絡要員を配置）	大雨注意報 洪水注意報 高潮注意報 注意（注意報級）	氾濫注意情報	2相当
1	災害への心構えを高める	・心構えを一段高める ・職員の連絡体制等を確認	早期注意情報（警報級の可能性）		

※1 夜間〜翌日早朝に大雨警報（土砂災害）に切り替える可能性が高い注意報は、「警戒レベル3相当」とします。
※2 記載した警報が発表されていない高潮警報・注意報は、高潮特別警報・警報・注意報に切り替える可能性が高い注意報は、「警戒レベル3相当」とします。

気象庁ウェブサイトより（https://www.jma.go.jp/jma/kishou/know/bosai/alertlevel.html．2020年7月10日最終閲覧）

内閣府「避難勧告等に関するガイドライン（先方運営・防災体制編）」を基に気象庁作成

避難勧告等			判断基準の設定例	気象警報等	
警戒レベル	種類	対象区域等の考え方		種類	種類
5	災害発生情報	○避難勧告等の対象とする区域 (1)土砂災害特別警戒区域、土砂災害警戒区域 (2)土砂災害危険箇所 (3)その他の場所 ○具体的な区域選定の考え方 ・土砂災害警戒区域や土砂災害危険箇所等を避難勧告等の対象区域とすることを基本とするが、あらかじめ定めた区域に、土砂災害に関するメッシュ情報において危険度が高まっている領域が重なった土砂災害警戒区域・危険箇所等に避難勧告等を発令することを基本とする。	・土砂災害が発生した場合 ※大雨特別警報（土砂災害）*とは、土砂災害に関するメッシュ情報を参照し、土砂災害等の対象区域の範囲が十分であるかどうかなど、既に実施済みの措置の内容を再度確認する必要がある。	大雨特別警報（土砂災害）	―
4	避難勧告／避難指示（緊急）※緊急の場合に限る		・土砂災害警戒情報の発表された場合 ・土砂災害に関するメッシュ情報で実況又は土砂災害警戒情報の基準に到達すると予想される場合 ・避難情報の基準に到達し、立退き避難を居住者に任せるかなど、再度、立退き避難を促す必要がある場合	土砂災害警戒情報	大雨警報（土砂災害）の危険度分布
3	避難準備・高齢者等避難開始		・大雨警報（土砂災害）が発表され、かつ、土砂災害に関するメッシュ情報で実況又は予想で大雨警報級の土砂災害警戒判定メッシュ情報に達すると予想される場合 ・気象台等が発表する警報の種類等から見て、後期～翌日早朝に大雨警報（土砂災害）が発表されると見込まれる場合 ・大雨注意報が発表され、当該注意報が夜間～翌日早朝に大雨警報（土砂災害）に切り替える可能性が高い旨に言及されている場合	大雨警報（土砂災害）（注3）	大雨警報（土砂災害）の危険度分布
		・大雨注意報に関するメッシュ情報又は大雨警報（土砂災害）と都道府県が提供する土砂災害危険度を示した情報を入手し、防災気象情報の推移を見込む。 ・避難準備情報は、防災気象情報の推移に注視・努める。		大雨注意報 早期注意情報（警報級の可能性）	大雨警報（土砂災害）の危険度分布 / ―

（注1）土砂災害に関するメッシュ情報とは大雨警報（土砂災害）の危険度分布（土砂災害警戒判定メッシュ情報）と都道府県が提供する土砂災害危険度を示した情報でメッシュ情報に示されています。

（注2）避難に必要な状況の発信・早期に必要となる場合を含みます。避難が必要となる市町村が広く点在する場合は、避難準備・高齢者等避難開始（警戒レベル3）に相当します。

（注3）後期～翌日早朝に大雨警報（土砂災害）の発令が見込まれる場合

* 大雨特別警報（土砂災害）については、市町村長は避難勧告（警戒レベル5）の発令状況に用いないが、災害が既に発生している蓋然性が高い情報として、警戒レベル5相当情報［土砂災害］として通知します。

気象庁ウェブサイトより（https://www.jma.go.jp/jma/kishou/know/ame_chuui/images/ame_chuui_p8-1_3.png, 2020年7月10日最終閲覧）

○ 砂防施設による防災

　砂防施設の代表として，堰堤（えんてい）があります。身近な言葉では，「ダム」というものに近いとされますが，「ダム」は，河川法の中で「ダム（河川の流水を貯留し，又は取水するため第26条第1項の許可を受けて設置するダムで，基礎地盤から堤頂までの高さが15メートル以上のものをいう。以下同じ。）」（河川法44条）と位置づけられているため，一定程度以上の規模のものを指すことになります。

　一方で，堰堤は，「ダム」の定義が定められる前には，ダムと同じ意味で用いられることもありました。現在では，ダムの規模に満たない河川への工作物という意味で用いられることになります。

　そして砂防施設としての堰堤を，砂防堰堤（砂防ダムということばが使われることもあります。）といいますが，これには，大きな分類として不透過型砂防堰堤と透過型砂防堰堤の違いがあります[12]。

　砂防堰堤は，雨によって流れ出す土砂を貯めて，土砂が下流に流れることなどを防ぐものとして用いられます。これによって，土石流による災害を防ぐことができるとして，わが国の土砂災害防止のために広く用いられています。

　透過型砂防堰堤は，設置されても，普段は，水と土砂は設置前と同じように下流に流れていくことになります。

---

(12)　詳しくは，国土交通省資料（https://www.mlit.go.jp/river/sabo/jirei/entei_bunrui.pdf，2020年7月10日最終閲覧）も参照してください。

　一方で，大雨が降り土石流が発生したときは，堰堤が大きな岩や流木などを含む土砂を貯め，下流への土石流の被害を防ぐことになります。

国土交通省資料より（https://www.mlit.go.jp/river/sabo/jirei/entei_hataraki.pdf，2020 年 7 月 10 日最終閲覧）

岩手県上駒丘砂防堰堤　国土交通省ウェブサイトより（http://www.thr.mlit.go.jp/bumon/b00037/k00290/river-hp/kasen/plaza/saboushashinkan/area/02.tohokuchihou/05iwateken/iwate4kai/iwt01.htm，2020 年 7 月 10 日最終閲覧）

兵庫県小野川堰堤の土石流発生前後の様子

国土交通省資料より（https://www.mlit.go.jp/river/sabo/jirei/h30dosha/ H30koukajirei.pdf，2020 年 7 月 10 日最終閲覧）

　不透過型砂防堰堤は，設置することで堰堤の上流側に土砂が
少しずつ貯まっていくことから，土砂を貯める量を確保するた
めに，土砂の取り除き作業が必要となる場合もあります。

国土交通省資料より（https://www.mlit.go.jp/river/sabo/jirei/entei_hataraki.
　pdf，2020年7月10日最終閲覧）

青森県北大沢砂防堰堤　国土交通省ウェブサイトより（http://www.thr.mlit.
　go.jp/bumon/b00037/k00290/river-hp/kasen/plaza/saboushashinkan/
　area/02.tohokuchihou/04aomoriken/aomorikai/aom01.htm，2020年7月
　10日最終閲覧）

　大雨が降り土石流が発生した際には，堰堤は大きな岩や流木などを含む土砂を貯め，下流への土石流の被害を防ぐことになります。

　砂防堰堤のほか，地すべり対策や急傾斜地の崩壊対策のための整備が行われています。

山形県　急傾斜地崩壊対策　国土交通省ウェブサイトより（http://www.thr.
mlit.go.jp/bumon/b00037/k00290/river-hp/kasen/plaza/saboushashinkan/
area/02.tohokuchihou/08yamagataken/yamagata4kai/ygt05.htm，2020 年
7 月 10 日最終閲覧）

宮城県　地すべり対策　国土交通省ウェブサイトより（http://www.thr.mlit.
go.jp/bumon/b00037/k00290/river-hp/kasen/plaza/saboushashinkan/
area/02.tohokuchihou/07miyagiken/miyagi4kai/myg06.htm，2020 年 7 月
10 日最終閲覧）

○ 土砂災害に対する啓発活動など

　37 ページの写真は，2018 年の西日本豪雨後の航空写真で，
被災前と比較したものです。大量の雨によって，洪水などの水
害だけでなく，土砂災害が発生していることがわかると思いま
す。

　人類が気候を操ることが不可能である以上，「水害を未然に
防ぐ」ことはできませんし，土砂災害についても砂防堰堤など
による対策で防ぎきれないこともあります。

　このため，私たちは自分の住んでいる地域が土砂災害が発生

しやすい場所であるかを確認すること，また，大雨に関する情報が出された場合に，大雨への対策や避難行動だけでなく，土砂災害への対策や避難行動が求められることになります。

　土砂災害だけでなく様々な災害に関する法整備や条例制定によって，私たちへの啓発が行われるほか，災害時の避難行動のあり方についても情報発信のあり方が変わっています。こうした行政の活動によって，私たちが災害時に避難行動を行えるように情報の提供がされているわけです。しかし，私たち自身がそうした情報を正しく理解し，日ごろからの避難に対する心構えを持っていなければ，災害時に適切な行動を行うことはできないかもしれません。

2018年西日本豪雨前後の様子

広島県熊野町川角付近【2018年7月11撮影】
※被災前写真：2009年4月撮影

国土地理院ウェブサイトより（https://www.gsi.go.jp/BOUSAI/H30.
taihuu7gou.html#1，2020年7月10日最終閲覧）

　皆さんは，毎年，6月1日〜30日が「土砂災害防止月間」（1983年から設けられています。）であることを知っているでしょうか。この期間の間は，「みんなで防ごう土砂災害」を運動のテーマとして，土砂災害警戒区域等や砂防設備などの点検，情報伝達訓練，防災意識を高めるための啓発活動などが実施されています。こうした機会に，土砂災害に対する防災について考え直しておく必要があるでしょう。

令和2年度土砂災害防止月間ポスター

　国土交通省資料より（https://www.mlit.go.jp/report/press/content/
　001345313.pdf，2020年7月10日最終閲覧）

　また，大雨や土砂災害に対して，次のページにあるように，災害に至る前からの事前の情報の把握やそれに対する行動のあり方が求められることになります。

　雨のように，事前にある程度の降雨予想などが示されるものについては，災害による被害が発生する前の段階での対策や避難行動が可能になります。

　災害対策基本法の 2013 年の改正で，屋内待避についての規定が設けられました。今日では，屋内待避についての定めが設けられていますので，市町村長は，避難勧告に際して，屋外への避難を前提としない避難の呼びかけをする必要があるということになります。

　避難する途中に災害に巻き込まれることや避難所が安全でない可能性もあります。このため，屋外に避難することを前提としない避難行動のあり方が必要になっています。

　最近では，大雨時にテレビでの情報提供の際に屋内の安全な場所（2 階等）に避難するように呼びかけることもありますし，家の中でも崖と反対側に留まるように呼びかけることもあります。

　いざという時に判断に迷わないよう，十分な知識を身に付ける必要があるでしょう。

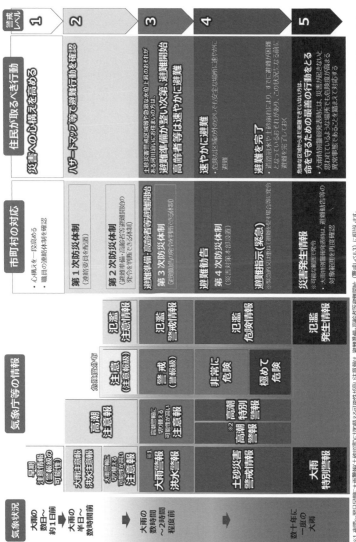

気象庁ウェブサイトより（https://www.jma.go.jp/jma/kishou/know/ame_chuui/images/ame_chuui_p8-1.png.
2020年7月10日最終閲覧）

Ⅱ 土砂災害と法

1 土砂災害防止法

土砂災害防止法は，正式には「土砂災害警戒区域等における土砂災害防止対策の推進に関する法律」といいます。この法律は，2000 年に制定されたもので，気候変動による豪雨災害や新たな宅地開発によって土砂災害の発生する恐れのある箇所も増加しており，土砂災害に関する砂防施設の工事などハード面での対策のほか，危険箇所の周知や危険箇所への新規住宅建設の抑制などのソフト面の対策も必要とされる中で，制定されました。

土砂災害防止法は，「土砂災害から国民の生命及び身体を保護するため，土砂災害が発生するおそれがある土地の区域を明らかにし，当該区域における警戒避難体制の整備を図るとともに，著しい土砂災害が発生するおそれがある土地の区域において一定の開発行為を制限し，建築物の構造の規制に関する所要の措置を定めるほか，土砂災害の急迫した危険がある場合において避難に資する情報を提供すること等により，土砂災害の防止のための対策の推進を図り，もって公共の福祉の確保に資すること」を目的として定めています（土砂災害防止法 1 条）。

つまり，土砂災害から国民の生命を守るため，土砂災害のおそれのある区域を定め，危険の周知，警戒避難態勢の整備，住宅等の新規立地の抑制，既存住宅の移転促進等のソフト対策を推進するために定められた法律であるということができます。

そして，土砂災害とは，「急傾斜地の崩壊（傾斜度が三十度以

上である土地が崩壊する自然現象をいう。），土石流（山腹が崩壊して生じた土石等又は渓流の土石等が水と一体となって流下する自然現象をいう。第二十七条第二項及び第二十八条第一項において同じ。）若しくは地滑り（土地の一部が地下水等に起因して滑る自然現象又はこれに伴って移動する自然現象をいう。同項において同じ。）（以下「急傾斜地の崩壊等」と総称する。）又は河道閉塞による湛たん水（土石等が河道を閉塞したことによって水がたまる自然現象をいう。第七条第一項及び第二十八条第一項において同じ。）を発生原因として国民の生命又は身体に生ずる被害をいう。」（土砂災害防止法2条，下線は筆者による。）と定義されています。

ここで，「急傾斜地の崩壊」ということばが出てきましたが，これは，この本でここまでに出てきた「がけ崩れ」と同義のものととらえることができますので，引用を除いて「がけ崩れ」と表記します。

つまり，土砂災害防止法にいう土砂災害には，災害対策基本法にいう「災害」である，がけ崩れ，土石流，地すべりが含まれるほか，土石等による河川閉塞も含まれることになります。

ここで土砂災害に関して，国土交通大臣は，「土砂災害防止対策基本指針」を定めることとされ（土砂災害防止法3条），「土砂災害防止法に基づき行われる土砂災害防止対策に関する基本的な事項」，「基礎調査の実施について指針となるべき事項」，「土砂災害警戒区域等の指定について指針となるべき事項」，「土砂災害特別警戒区域内の建築物の移転等の指針となるべき事項」などを定めることとされます。

そして，都道府県は，国土交通大臣の定める基本指針に基づ

いて，「基礎調査」を実施し，土砂災害の恐れのある箇所の把握などを行うこととされています。

○ 土砂災害警戒区域等

　土砂災害防止法の規定の中で特に重要なものとして，「土砂災害警戒区域等」の指定があります。

　ここには，土砂災害警戒区域と土砂災害特別警戒区域の2つがあり，それぞれ次のような目的で定められる区域です。

　土砂災害警戒区域（通称：イエローゾーン）は，「急傾斜地の崩壊等が発生した場合には住民等の生命又は身体に危害が生ずるおそれがあると認められる土地の区域」であって，「土砂災害による被害を防止・軽減するため，危険の周知，警戒避難体制の整備を行う区域」[13]とされ，警戒避難体制の整備やハザードマップの作成・配布などが行われます。

　土砂災害特別警戒区域（通称：レッドゾーン）は，「警戒区域のうち，急傾斜地の崩壊等が発生した場合には建築物に損壊が生じ住民等の生命又は身体に著しい危害が生ずるおそれがあると認められる土地の区域」であって，「避難に配慮を要する方々が利用する要配慮者利用施設等が新たに土砂災害の危険性の高い区域に立地することを未然に防止するため，開発段階から規制していく必要性が特に高いものに対象を限定し，特定の開発行為を許可制とするなどの制限や建築物の構造規制等を行

---

(13)　国土交通省資料より（https://www.mlit.go.jp/policy/shingikai/content/001323909.pdf，2020年7月10日最終閲覧）。

う区域」[14]とされ，開発行為の制限や建築物の構造規制，建築物の移転勧告等が行われます。

　土砂災害警戒区域等の設定がなされる区域には，災害の種類に応じて次のような基準が設けられています。

　土砂災害警戒区域（イエローゾーン）は，「土砂災害が発生した場合に，住民の生命または身体に危害が生ずるおそれがあると認められる区域で，土砂災害を防止するために警戒避難体制を特に整備すべき土地の区域」とされます。

　その中でも，急傾斜地の崩壊（がけ崩れ）については，「①傾斜度が30度以上で高さが5m以上の区域，②急傾斜地の上端から水平距離が10m以内の区域，③急傾斜地の下端から急傾斜地の高さの2倍（50mを超える場合は50m）以内の区域」といった土砂災害警戒区域指定の基準が設けられています（土砂災害防止法施行令2条）。

　そして，土砂災害特別警戒区域（レッドゾーン）は，「土砂災害が発生した場合に，建築物の損壊が生じ住民等の生命又は身体に著しい危害が生ずるおそれがあると認められる区域」とされることから，土砂災害警戒区域の中でも特に危険性のある区域が指定されることになります。

　具体的には，次の図を見て確認すると分かりやすいと思います。

---

(14)　国土交通省資料より（https://www.mlit.go.jp/policy/shingikai/content/001323909.pdf，2020年7月10日最終閲覧）。

急傾斜地の崩壊（がけ崩れ）に関する土砂災害警戒区域等

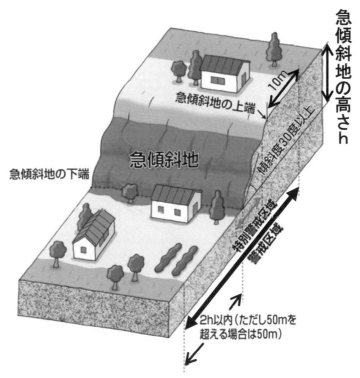

国土交通省資料より（https://www.mlit.go.jp/policy/shingikai/content/
　001323909.pdf，2020 年 7 月 10 日最終閲覧）

　土石流に関する土砂災害警戒区域の指定の基準は，「土石流の発生のおそれのある渓流において，扇頂部から下流で勾配が2度以上の区域」とされています。

　具体的には，次の図を見て確認すると分かりやすいと思います。

土石流に関する土砂災害警戒区域等

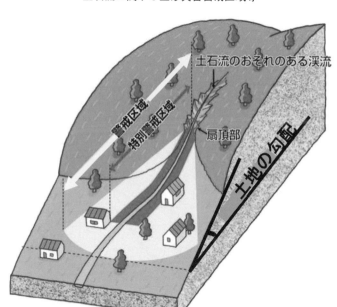

国土交通省資料より（https://www.mlit.go.jp/policy/shingikai/content/
001323909.pdf，2020年7月10日最終閲覧）

　地すべりに関する土砂災害警戒区域の指定の基準は，「①地
滑り区域（地滑りしている区域または地滑りするおそれのある区
域），②地すべり区域下端から，地すべり地塊の長さに相当す
る距離（250m を越える場合は 250m）の範囲内の区域」とされ
ています。具体的には，次の図を見て確認すると分かりやすい
と思います。

地すべりに関する土砂災害警戒区域等

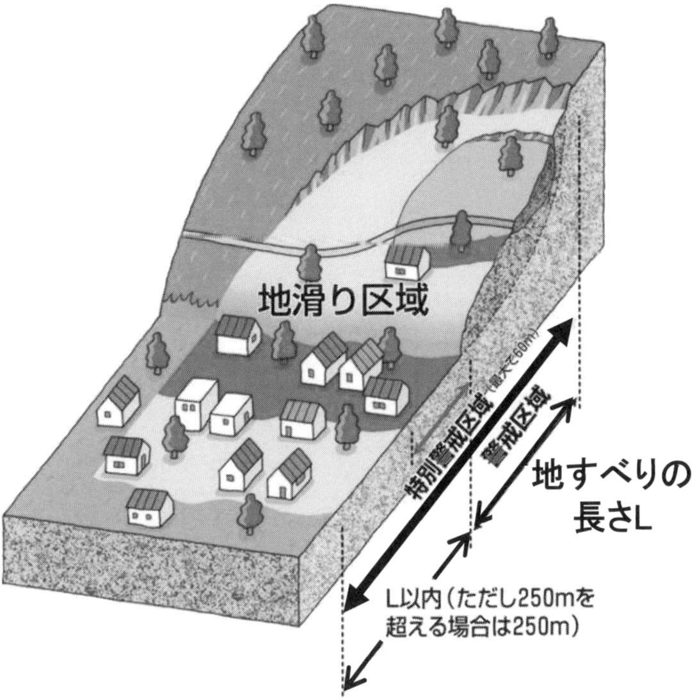

国土交通省資料より（https://www.mlit.go.jp/policy/shingikai/content/
001323909.pdf，2020 年 7 月 10 日最終閲覧）

○ 土砂災害警戒区域等に関する規制

　土砂災害警戒区域等では，開発行為などの制限が設けられるなど，様々な規制がなされています。

　その中でも私たちの生活に身近なものとして，宅地建物取引に関する規制があります。土砂災害警戒区域（イエローゾーン）では，宅地建物取引業者に，当該宅地又は建物の売買等にあたり，土砂災害警戒区域内である旨について重要事項の説明を行うことが義務づけられています。

　また，土砂災害特別警戒区域（レッドゾーン）では，宅地建物取引業者は，特別の開発行為において，都道府県知事の許可を受け取った後でなければ当該宅地の広告，売買契約の締結が行えず，また，当該宅地又は建物の売買等にあたり，特定の開発の許可について重要事項説明を行うことが義務づけられています。

　この，宅地建物取引に関する規制では，現在イエローゾーン，レッドゾーンに建物が存在することといった説明はもちろんのこと，今日，土砂災害の被害が毎年のように起こっている状況下では，将来こうした区域に指定される可能性があることについての説明を行うことが求められているということもできるかもしれません[15]。

---

(15)　岡村雅人「関連法規 Q&A　宅建業法における「土砂災害防止法」の取り扱いについて教えてください」月刊不動産流通395号（2015年）114頁。

　土砂災害特別警戒区域（レッドゾーン）では，宅地建物取引に関する規制のほか，特定開発行為に対する許可制（土砂災害防止法9条），建築物の構造の規制（同法23条，24条），建築物の移転等の勧告など（同法25条）があります。

　特定開発行為に対する許可制では，住宅分譲や学校や医療施設などの建設のための開発行為については，土砂災害を防止するための対策工事計画などが安全を確保するための基準に適合すると判断される場合に限り許可がされることとなります。

　そのため，下の図のように，開発にあたって，土砂災害の発生を防ぐような対策工事がなされる必要があります。

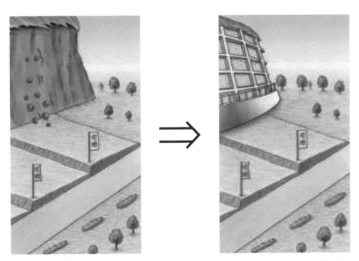

国土交通省資料より（https://www.mlit.go.jp/river/sabo/sinpoupdf/gaiyou.pdf，2020年7月10日最終閲覧）

　建築物の構造の規制では，土砂災害に伴う土石等の建築物に及ぼす力に対して，建築物の構造が安全なものとなるようにするために，居室を有する建築物については建築確認の制度が適用されることになります。

　このため，建築物の設置前に，建築物の構造が土砂災害を防止・軽減するための基準を満たすものとなっているかについて，確認の申請書を提出し，建築主事の確認を受けることが必要になります。

国土交通省資料より（https://www.mlit.go.jp/river/sabo/sinpoupdf/gaiyou.pdf，2020 年 7 月 10 日最終閲覧）

　建築物の移転等の勧告などでは，土砂災害が発生した場合にその住民の生命などに著しい危害が生ずるおそれのある建築物の所有者，管理者などに対して，土砂災害特別警戒区域から安

全な区域に移転する等の土砂災害の防止・軽減のための措置について，都道府県知事が勧告することができることとなっています。

国土交通省資料より（https://www.mlit.go.jp/river/sabo/sinpoupdf/gaiyou.pdf，2020 年 7 月 10 日最終閲覧）

　ここで，移転勧告に基づく移転については，移転のための代替住宅の建設などの資金についての融資の支援などがあります。
　こうした宅地建物取引規制や開発規制などは，他の災害ではあまりみられるものではなく，土砂災害に対してこうした規制が行われている背景には，深刻な被害をもたらす土砂災害が多く発生しているわが国の現状があるのかもしれません。

2 急傾斜地法

急傾斜地法は，正式には「急傾斜地の崩壊による災害の防止に関する法律」といいます。

この法律は，「急傾斜地の崩壊による災害から国民の生命を保護するため，急傾斜地の崩壊を防止するために必要な措置を講じ，もつて民生の安定と国土の保全とに資すること」（急傾斜地法1条）を目的として定められたもので，1969年に定められました。1967年に全国で発生した局地的豪雨による多くのがけ崩れの発生に対して，その対策を求めるものとして制定されました。

ここでは，次の基準に基づいて急傾斜地崩壊危険区域の指定がなされます。

---

① 崩壊するおそれのある急傾斜地（傾斜度が30度以上の土地をいう。以下同じ。）で，その崩壊により相当数の居住者その他の者に被害のおそれのあるもの
② ①に隣接する土地のうち，急傾斜地の崩壊が助長・誘発されるおそれがないようにするため，一定の行為制限の必要がある土地の区域

国土交通省ウェブサイトより（https://www.mlit.go.jp/mizukokudo/sabo/kyuukeisya.html，2020年7月10日最終閲覧）

そして，急傾斜地崩壊危険区域として指定された土地では，急傾斜地の崩壊を助長・誘発する恐れのある一定の行為の制限がなされることになっています（急傾斜地法7条）。

　ここで制限される行為とは，①水の浸透を助長する行為
（例：水を放流し，又は停滞させる行為），②急傾斜地崩壊防止施
設以外の施設又は工作物の新築又は改良で政令で定めるもの
（例：ため池，用排水路の設置・改良など），③のり切，切土，掘
削又は盛土，④立竹木の伐採，⑤木竹の滑下又は地引による搬
出，⑥土石の採取又は集積，⑦上記の他，急傾斜地の崩壊を助
長・誘発するおそれのある行為で政令で定めるもの，が挙げら
れています。

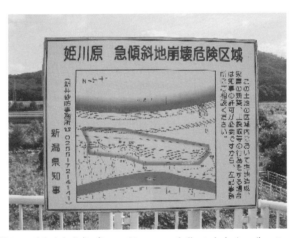

新潟県ウェブサイトより（https://www.pref.niigata.lg.jp/sec/jouetsu_sabou/
shinsei.html，2020 年 7 月 10 日最終閲覧）

3　地すべり等防止法

　地すべり等防止法は,「地すべり及びぼた山の崩壊による被害を除却し，又は軽減するため，地すべり及びぼた山の崩壊を防止し，もつて国土の保全と民生の安定に資すること」(地すべり等防止法1条) を目的として，1958年に制定されました。その背景には，1957年に発生した地すべり災害があるとされます。

　この法律では，国土交通大臣または農林水産大臣が地すべり防止区域の指定を行うこととされています (地すべり等防止法3条)。この地域に指定を要する地域とは，次のような地域であって，公共の利害に密接な関連を有するものとされます。

---

① 　地すべり区域 (地すべりしている区域，地すべりするおそれのきわめておおきい区域)
② 　地すべり区域に隣接する区域 (地すべりを助長・誘発している地域，地すべりを助長・誘発するおそれがきわめて大きい地域)

国土交通省ウェブサイトより (https://www.mlit.go.jp/mizukokudo/sabo/zisuberiboushikuiki.html, 2020年7月10日最終閲覧)

　そして，地すべり防止区域として指定された土地では，地すべりの発生を助長・誘発する恐れのある一定の行為の制限がなされることになっています (地すべり等防止法18条)。

　ここで制限される行為とは，①地下水を誘致し，又は停滞させる行為で地下水を増加させるもの (政令で定める「軽易な行為」を除く。)，②地下水の排除を阻害する行為 (政令で定める

「軽易な行為」を除く。）（例：地下水の排水施設の機能を阻害する行為），③地表水の浸透を助長する行為（政令で定める「軽易な行為」を除く。）（例：地表水を放流し，又は停滞させる行為）④のり切又は切土で政令で定めるもの，⑤地すべり防止施設以外の施設又は工作物の新築又は改良で政令で定めるもの（例：ため池，用排水路の設置・改良など）⑥上記の他，地すべりの防止を阻害し，又は地すべりを助長・誘発する行為で政令で定めるもの，が挙げられています。

新潟県ウェブサイトより（https://www.pref.niigata.lg.jp/sec/jouetsu_sabou/shinsei.html，2020 年 7 月 10 日最終閲覧）

4　砂防法などその他の法律

　土砂災害に関しては，ここまでに示したもののほか，災害全般に対して適用される災害対策基本法や大規模な災害に対して適用される激甚災害法，被災者救済などのための災害救助法など，様々な災害関係法令が適用されることがあります[16]。

　砂防法という古い法律があり，ここでも土砂災害に関する規定が設けられています。

　砂防法は，1897年に，砂防設備を要する土地または治水上砂防のために一定の行為を禁止するなどして，土砂災害を防止するものとして制定されました。

　ここで「治水上砂防」とは，土砂の生産抑制や河川への土砂の流入を抑えることによって，災害を災害の発生を防止するという考え方のことをいいます。

　明治時代のころから，大雨などによって土砂災害が発生することがあり，こうした災害を防止するための対策を講じるために制定された法律ということができます。

　国土交通大臣は，①渓流若しくは河川の縦横浸食又は山腹の崩壊等により土砂等の生産，流送若しくは堆積が顕著であり，又は顕著となるおそれのある区域，②風水害，震災等により，渓流等に土砂等の流出又は堆積が顕著であり，砂防設備の設置が必要と認められる区域，などを砂防指定地に指定することができ，砂防指定地内では，行為制限が設けられています。

　砂防指定地内では，竹木の伐採や土石・砂れきの採取等，一

---

(16)　本書のシリーズである『ど～する防災【水害編】』（信山社，2019年）27頁以下も参照してください。

定の行為に制限がなされることとなっており，行為制限の内容については，都道府県の条例等に定められています[17]。

　たとえば，香川県砂防指定地管理条例では，砂防指定地内での行為制限として，「何人も，砂防指定地内において，砂防設備を損傷する行為をしてはならない」（同条例3条）として禁止行為を定めています。また，第4条では，知事の許可が必要な行為として「(1)土地の掘削，盛土又は切土その他土地の形状の変更，(2)木竹の伐採又はその滑下若しくは地引による搬出，(3)土石若しくは砂れきの採取若しくは鉱物の掘採又はこれらのたい積若しくは投棄，(4)工作物の新築，改築又は除却」が定められています。

新潟県ウェブサイトより（https://www.pref.niigata.lg.jp/sec/jouetsu_sabou/shinsei.html，2020年7月10日最終閲覧）

---

(17)　国土交通省ウェブサイト（https://www.mlit.go.jp/mizukokudo/sabo/shiteichi.html，2020年7月10日最終閲覧）。

5 建築基準条例

「がけ条例」ということばを聞いたことがあるでしょうか。

各都道府県等が定めている条例の中で，がけ崩れ等から生命，財産を守るため建築制限などが設けられているものの通称として「がけ条例」が用いられることがあります。

静岡県では，「静岡県建築基準条例」，東京都では，「東京都建築安全条例」の中の一部にがけ崩れ対策の規定が設けられています。

例えば，静岡県の条例では，「がけの高さ（がけの下端を通る30度の勾配の斜線をこえる部分について，がけの下端からその最高部までの高さをいう。以下同じ。）が2メートルをこえるがけの下端からの水平距離ががけの高さの2倍以内の位置に建築物を建築する場合は，がけの形状若しくは土質又は建築物の位置，規模若しくは構造に応じて安全な擁壁を設けなければならない。ただし，次の各号の一に該当する場合は，この限りでない。

⑴ 堅固な地盤を斜面とするがけ又は特殊な構造方法若しくは工法によって保護されたがけで，安全上支障がないと認められる場合

⑵ がけ下に建築物を建築する場合において，その主要構造部を鉄筋コンクリート造又は鉄骨鉄筋コンクリート造とした建築物で，がけ崩れ等に対して安全であると認められる場合」と定められています。

つまり，45ページに示した「急傾斜地の崩壊（がけ崩れ）に関する土砂災害警戒区域等」と同じようながけ崩れの危険性のある箇所では，がけ周辺の安全のために擁壁などによって補強

しなければならないとされます。

　ただし，規制の緩和についての定めがあり，ただし書に示されるような①自然に存在するがけであっても，がけ自体が安全な場合や，②がけ崩れに対して安全な措置を講じている場合がこれにあたります。

　しかし，結局のところは，「がけ」付近では，建築物の設置に規制がかかることになり，がけ崩れ等による被害を防ぐための補強工事などの整備が必要になります。新たな宅地開発によって，がけ崩れ等の危険のある箇所が増えており，また，近年の豪雨災害などを考慮すると，私たちが暮らし，活動する場所の安全性は，私たち自身で確認し，安全性を確保していかなければならないということもできます。

　横浜市では，「横浜市崖地【防災】対策工事助成金制度」を設けて，基準を満たした「崖崩れにより居住の用に供する建築物等又は，道路等に被害が及ぶおそれがある崖地」において，擁壁工事や盛土工事などを行う際の助成金による工事の補助の制度があります。私たちだけでは費用面で難しいことであっても，こうした制度を活用しながら，私たちが暮らし，活動する場所の安全性を高めていくことも重要なことでしょう。

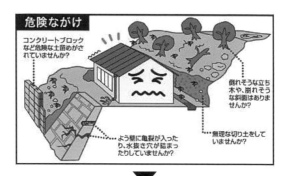

横浜市ウェブサイトより（https://www.city.yokohama.lg.jp/business/
bunyabetsu/kenchiku/bosai/gake/safe.html?id=217，2020 年 7 月 10 日
最終閲覧）

Ⅲ 土砂災害に関する事例

1 隣地のがけ工事はだれの責任？

　わが国は平地が少なく，山の多い地形であるため，人が住んでいる地域にも多くの「がけ」が存在しています。皆さんの自宅近くには，がけにあたる場所はないでしょうか。

　一度，自宅近くの地形について学んでみるのも良いかもしれません。

静岡県浜松市（2020 年 7 月 12 日筆者撮影）

　そのようなわが国の地形の現状から，隣地にがけが存在しているという場所は多く存在していると思います。

　さて，隣地にがけが存在する場合に，そのがけの補強工事は誰が行うべきなのでしょうか。

　次のような土地がある場合，皆さんがAであった場合に，AとBの自宅の間のがけに補強工事が必要であるとき，Aが工事費用を負担すべきと考えるでしょうか。

　⑴　がけの土地をAが所有する場合

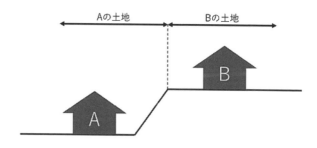

　⑵　がけの土地をBが所有する場合

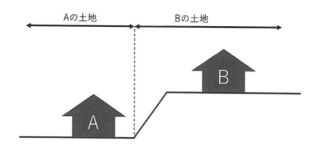

　⑴の場合に，Aの立場からすると，がけが崩れた場合に，自

宅に土砂が流入する危険もあり，がけがＡの土地であることから，自分で擁壁の設置などの補強工事を行おうとするかもしれません。

　一方で，(2)の場合には，がけの土地がＢの所有である以上，擁壁の設置などの補強工事を行い，その費用を負担するのは，Ｂであると考えるかもしれません。

　裁判例では，次のように指摘されているものがあります。

　土地所有者が隣地所有者の権利を侵害し，または侵害の危険を発生せしめた場合には，その侵害または危険が不可抗力に起因する場合もしくは被害者自らその侵害を受忍すべき義務を負う場合を除いて，その侵害または危険が自己の行為に基づくか否か，自己に故意過失があるか否かを問わず，この侵害を除去し，または侵害の危険を防止すべき義務を負担するものとしています（大審院昭和7年11月9日判決大審院民事判例集11巻2277頁など）。

　ここでは，隣地への被害を生じさせるような場合には，危険の防止などを講じる必要があることを示しています。ただし，この裁判例は，土地崩壊の危険が掘削行為に起因する事例で，自然状態のがけのがけ崩れを防ぐ義務までもが，直ちにがけの土地所有者に求められているということはできません。

　それでは，次の事例を見てみましょう。

○ 東京高等裁判所昭和58年3月17日判例タイムズ497号117頁

隣接する土地の間にがけが存在しており，これまでも何度か

土砂崩れを起こし，それによってAは損害を受けてきていました。ここで，AがBの所有地内からの土砂の流入を防ぐために，がけの補強工事を行うことをBに求めたものです。

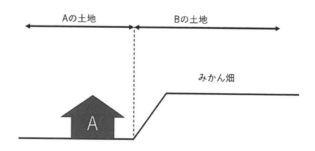

　裁判所は，互いに隣地の関係にある場合には，所有権や占有権の円満な状態が他から侵害される危険が双方の土地に共通かつ同時に発生する特性があるもので，予防措置を講じることについての必要性や利益は，双方の土地に等しく存在し，予防措置に多くの費用が必要になることが一般的であることから，このような場合に，一方の土地の所有者や占有者に予防措置を講じる事の請求権を認めることは，著しく衡平（こうへい）に反するものであるとしました。

　そして，このような場合には，「土地相隣関係の調整の立場から，……相隣地所有者が共同の費用をもつて右予防措置を講ずべきである」としました。

　つまりは，隣地の関係にある時に，その間にあるがけについて，その土地の所有権がどちらにあるかどうかではなく，そのがけの補強工事による「利益」が誰にもたらされるかを重要視

するものといえます。

　この事例の場合には，がけの補強工事によって，土砂災害を防ぐことが，互いの土地にとって有益なものであると認めています。

　この裁判の中では，Bによる人為的な行為によって，がけの崩壊が起こった可能性についても判断をしていますが，この点については認めなかったため，結果として，この事例のがけは，「自然状態のがけ」とされています。

　そうである以上（Bの人為的な行為によって崩壊しやすくなっているがけでない以上），土砂崩落防止の必要と利益はAとBに共通にかつ等しく存在するもので，予防措置としてのがけの補強工事の費用は共同で負担すべきであるとしました。

　このような見解は，他の裁判例でもみられます（東京高等裁判所昭和51年4月28日判決判例タイムズ340号172頁）。

　また，横浜地方裁判所昭和61年2月21日判決[18]では，人為的に設置されている擁壁の崩壊の危険性がある場合に，その人為的な行為を行った者が補強費用を負担すべきで，自然状態のがけについての補強費用は，前に示した東京高裁の判決のように，隣接地の所有者らが共同で負担することとしました。

　ここで示した事例は，隣接地が人の住んでいる土地や人が利用している土地などですが，これが「山林」などの場合には，事例に示したような，がけを補強することによって受ける「利益」が山林所有者にはない，または少ないということがあるか

────────────

(18)　判例タイムズ638号174頁。

もしれません。

　民法 717 条は，土地の工作物責任を定めていますので，山林所有者による管理などに瑕疵[19]がある場合には，損害賠償請求が可能ですし，これは，災害などによってがけ崩れなどが生じた場合も同様です。しかし，通常求められる以上の災害対応を山林所有者に求めることが可能なわけではありません。

　隣地との間に災害時の問題が生じないよう，日ごろから話し合いなどをして，災害による被害が生じる前に，がけの補強工事などを行うことが必要といえるでしょう。

　こうした災害に関する隣地との関係は，「がけ」などの存在する土地のみではなく，平地での隣地との間の境界上またはどちらかの土地に付属するブロック塀などの工作物の耐震性の点でも考えなければならない問題だといえます。

　分譲住宅地の（低い）ブロック塀は，建築基準法上の規制を受けないものがほとんどで，費用のこともありますので，十分な耐震性が備わっているものでない場合が多いでしょう。地震の際に倒壊しないよう，境界上であればお互いに費用負担をするなど，相手方の土地に付属する場合でも費用負担をすることで，災害時に住宅への損害や怪我などを防ぐこともできます。

　防災のために自分にできることを考えてみましょう。

---

(19)　本来あるべき機能・品質・性能・状態が備わっていないことを意味します。

2　旅先のホテルで土砂災害が起こったら

　旅先で，宿泊先のホテルの駐車場で土砂災害が発生した場合に皆さんの車が損傷した場合の責任はホテル側にあるでしょうか。

　また，土砂災害後に泥水で浸水したホテルのトイレを利用した宿泊客の怪我について，ホテル側が責任を負うのでしょうか。

　どちらも，「土砂災害」とそれに伴う「浸水」という自然災害を前提としていますが，それでもホテル側が責任を負う可能性があるのか，事例を紹介しておきたいと思います。

○ 東京地方裁判所平成8年9月27日判決判例時報1601号149頁

　この事例は，Xが宿泊していた旅館（以下「Y」といいます。）の駐車場の前面にある丘陵（きゅうりょう）が集中豪雨の影響で崩れ，Xが代表を務める会社（以下「X社」といいます。）所有の自動車が土砂に埋もれたとして，X社がYに対して，土地工作物責任，場屋営業者の責任などを理由として損害賠償を請求し，また，Xが，旅館内のトイレで負傷したとして，Yに対し，宿泊契約に伴う安全配慮義務違反による債務不履行を理由として，損害賠償を請求したものです。

　まず，裁判所は，駐車場前面にある丘陵がYの所有ではないため，この丘陵が崩壊したことに対する，土地の工作物責任は，認めませんでした。

　次に，場屋営業の寄託責任について，次のように判断しました。

　ところで場屋営業の寄託責任とは，場屋営業（ホテルや飲食店など，客を来集させ施設を利用させることを目的とする営業）において，場屋営業者が，客から寄託を受けた物品（預かったもの）を毀損（壊した）した場合などには，不可抗力が原因であることを証明できない限り，損害賠償責任を負うとされます。

　この事例では，Ｘは車の鍵を旅館のフロントに預けていたため，旅館側がこの車を支配下においていて保管している状況であったことから，Ｙは車の寄託を受けたとされるとしました。
　このため，不可抗力によるものでない以上は，賠償責任を負うとされました。
　この事例では，不可抗力について次のように示しました。
　丘陵が傾斜地であるものの，これに接して旅館の駐車場が設けられていることからすると，何らかの補強がなされていれば土砂崩れが発生しなかったであろうこと，丘陵の土砂崩れが始まってから，車に土砂が被さるまでの崩落の勢いは急激なものではなかったと考えられ，従業員等が事態に迅速に対応していれば車の被害を防止できたと考えられるとして，不可抗力によるものとまで認められないとしました。

　最後に，Ｘが，旅館内のトイレで負傷したことについては，次のような事実関係があったとされています。
　雨による浸水は土砂まじりの泥水として旅館の中の廊下などに至り，Ｘが負傷したトイレにも足首くらいまでの浸水がありました。
　Ｙは，在館中の従業員80名を動員して清掃作業を行い，廊

下の雨水を除去した後，残った雨水をモップで拭くというような清掃作業を行い，トイレでは，床のタイルに残った水をタオルに含ませて除去し，さらに拭きとる作業が行われたものの，完全に乾いた状態にはなっておらず，トイレの入り口に立ち入りを禁止するような表示はされていませんでした。

　Xは，革靴のままトイレに足を踏み入れたところ，足を滑らせてバランスを崩して，床に膝をつき，その姿勢のまま前方に滑り，手洗いの下に身体ごと入り込んで止まり，左外くるぶしの骨折や腰の打撲の怪我を負いました。

　ここで裁判所は，泥水が浸水した後のトイレの清掃管理は，利用しようとする者が転倒等しないように十分に清掃して泥水を除去し，これが不十分な場合には立ち入らないように表示すべき信義則上の安全配慮義務を負い，これを尽くさなかった結果，発生した事故については，賠償する責任を負うとしました。

　しかしながら，Xは通常の成人で，旅館内に土砂や泥水が入り込んでいたことを知っていたことが認められることなどから，Xがトイレの床に泥水が残っていることを予測し，トイレに立ち入る際には足元を注視し，足の運びに注意すれば，転倒事故の発生を未然に防止することができたと考えられるとしました。

　そして，Xは，床が汚れている可能性を全く考えず，足元に注意を払わないまま漫然とトイレ内に革靴で足を踏み入れたということから，Xには重大な過失があるとして，8割の過失相殺を認めました。

　泥水で汚れていることが分かっていたはずのトイレの利用に

ついて，怪我をした人の注意が足りなかったといわれることもあるかもしれませんが，この事例のように，ホテルなどの施設としては，客の安全を確保するために必要なことを行っていないとされると，損害賠償責任を負う可能性があるといえます。

　私たちが旅先で災害に見舞われる可能性は，大いに存在します。大雨や台風など，気象予報を参考にして，事前に災害の予測が可能なものもあれば，地震や火山の噴火のように事前予測が困難な災害もあります。

　私は，宿泊を伴う場合には，その宿泊先の付近の医療施設や避難場所などを事前に確認するようにしています。特に初めて訪れる場所などは土地勘がなく，医療施設などの場所も分からないため，入念に調べるようにしています。災害だけでなく，突然の病気や持病の発作など，私たちの身に起こる様々な出来事に対して，事前にできる限りの準備をしておくことも必要ではないでしょうか。

　一方で，旅行などの娯楽にあたって，そうした心配事を念頭に置くことが「正しい」といえるかは難しいところです。

　多くの人は，旅行などの際に，「何事もなく」無事に帰宅できたという「経験」を持っていると思います。そうした経験を積み重ねることで，人は，「自分だけは大丈夫」という意識をより強く抱くことがあります。そのような意識となり，災害などに見舞われたときに困らないよう，少なくとも心の片隅に，自分が災害に遭遇するかもしれない，大きな怪我をするかもしれないといった意識を抱いておくことも必要なのではないでしょうか。

3　土砂災害と行政の責任

○ 岩木山土石流訴訟

（青森地方裁判所弘前支部平成元年 5 月 25 日判決判例時報 1320
号 55 頁）

青森県の岩木山で 1975 年に集中豪雨を原因として発生した
土石流災害では，22 人の住民が死亡しました。この事例では，
国や県などに対して，砂防に関する行政上の指導監督義務違反
や砂防指定地の管理義務違反などを理由とする国家賠償訴訟が
遺族によって提起されました。

国の責任に関して，必要な権限を行使しなかった（不作為）
責任について，次のように示しました。

「被告国（建設大臣）が，砂防指定地に関して，地方公共団
体の砂防事業を指導監督し，また，自ら砂防事業を実施する権
限を行使するかどうかは，被告国（建設人臣）の自由裁量に委
ねられているのであるが，……その恣意，怠慢を許すものでな
いことは勿論である。従って，以下のような要件を考慮し，被
告国（建設大臣）に一定の作為を義務付けることが合理的と考
えられる場合に，なお右義務を懈怠し，損害を発生させたとき
には，公務員が職務を行うにつき違法な損害を加えた場合とし
て，国家賠償法一条一項による責任を免れないというべきであ
る。そして，その要件としては，大別して，1 国民の重大な法
益，殊に生命・身体に対する具体的危険が切迫しており，被告
国（建設大臣）が右具体的危険を予見しているか，容易に予見
し得る状況にあり（具体的危険の存在と予見可能性），2 被告国
（建設大臣）が権限を行使することが可能で，かつ，権限の行

使によって結果発生を防止でき（権限行使の可能性と結果回避の可能性），3国民が権限の行使を期待するのが相当と思われる事情があるとき（期待相当性）の三要件が考えられ，右要件を充足する事実が認められるときには，被告国（建設大臣）に，その権限の行使が義務付けられるものというべきであり，この義務に違反し権限を行使しない場合は違法となるものと解するのが相当である」としました。

　ここで示された3つの要件を簡単にいえば，①国民への具体的危険が切迫していることを国が被害を予見でき（予見可能性），②国の権限行使によって被害を防止でき（結果回避可能性），③国民が権限行使を期待すると思われる場合ということになります。

　ここで「予見可能性」ということばが出てきますが，多くの災害に関連する訴訟でも登場することばです。これは，災害などの事象の発生について，その発生前に災害による被害を予見することができたかどうか，という意味ですが，そうした予見がなければ，対策を講じて被害を防ぐこともできませんので，予見可能性があることが国などの責任を問う場合の前提となります（国などだけではなく会社などに対する訴えでも予見可能性が争点となることはあります[20]。）。

　そして，この事例で裁判所は，土石流がその発生時期を的確に予知することができず，確実な前兆現象もないことから，土

---

(20)　災害に関連して，七十七銀行女川支店訴訟でも予見可能性が争点になっています。この事例については，『ど～する防災【地震・津波編】』（信山社，2020年）84頁以下も参照してください。

石流発生危険区域であることを知らせ，警報避難体制を確立することや，土石流発生についての警戒を促し，避難を指示，助言したとしても，住民の死亡という災害の結果を容易に防止できたとは認められないとして，結果回避可能性を認めませんでした。

　こうしたことから，この事例では，国や県の責任を認めず，損害賠償を認めませんでした。

○ 賤機山土砂災害訴訟

　（静岡地方裁判所平成4年3月24日判例時報1428号42頁）

　1947年7月7日に静岡市地域では，降雨に見舞われ（「七夕豪雨」），賤機山において土砂災害が発生し，土砂災害に巻き込まれた住民が死亡しました。これに対して，遺族が，県が土砂土砂災害の発生した箇所を急傾斜地崩壊危険区域に指定いていなかったことなどを理由として国家賠償訴訟を提起しました。

　この事例では，県が土砂災害の危険を予見して，事前に急傾斜地崩壊危険区域に指定しなければならなかったのかについても争われています。今日，土砂災害の危険が潜在的にある地点は多く存在しますが，そのすべてが危険箇所として周知されているわけではないでしょう。そうした危険箇所を行政が把握し，危険区域に設定するなどして住民に周知を図ることは求められることでしょうが，この事例では，次のような判断が示されました。

　「急傾斜地法によれば，県知事は，急傾斜地の崩壊による災害防止のため，崩壊のおそれのある急傾斜地を急傾斜地崩壊危

険区域として指定し急傾斜地の崩壊防止に必要な措置を講じる等の権限を有するものというべきところ，右権限の行使ないし不行使は，原則として県知事の自由裁量に委ねられていると解されるが，急傾斜地法の目的は，急傾斜地の崩壊による災害から住民の生命身体等を保護するため，県知事に対して右のような権限を与えているのであるから，その権限の不行使が著しく合理性を欠く場合，換言すれば，1 急傾斜地の崩壊によって住民の生命，身体及び財産に対する法益侵害の具体的な危険が切迫し，かつ，県知事においてこれを予見することが可能であること，2 県知事が，その権限を行使することによって，右のような危険ないし法益侵害を避けることができ，かつ，当権限を行使することが可能であること，3 住民自らが急傾斜地の崩壊による法益侵害の発生を防止することが困難であって，県知事に右権限の行使を期待せざるを得ないという事情があること，以上のような要件が充足する場合であるのにかかわらず，県知事が右権限を行使しないときは，裁量権の不行使が著しく不合理なものとして違法と評価されることを免れないものと解するのが相当である」と示しました。

　ここで示された判断は，岩木山土石流訴訟で示されたものと同様のもので，予見可能性や結果回避可能性の要件が充足される場合には，県知事の権限行使不行使を違法なものとするとしました。

　これを前提として，この事例では，斜面崩壊の具体的危険があったことが認められず，県知事にもその予見が困難であったことから，崩壊した斜面を急傾斜地崩壊危険区域に指定せず，

その指定を前提として崩壊を防止するために必要な措置やその崩壊に対しての警戒避難の体制を整備する等の措置を講じなかったとしても，急傾斜地法上の権限の不行使が著しく合理性を欠くとはいえないとしました。

○ 南茅部町土砂災害訴訟

（函館地方裁判所平成13年9月27日LEX/DB文献番号28071479）

南茅部町（現・函館市）では，1990年11月4日から5日にかけて降った雨によって，Aの自宅裏のがけの一部が崩壊し，土砂がAの自宅に流れ込み，この土砂に埋まりAは死亡しました。Aの遺族は，このがけに対して補強工事を行っていた町に対して擁壁等の設置管理の瑕疵や避難勧告義務違反を理由として，国家賠償訴訟を提起しました。

裁判所は，擁壁等の設置管理の瑕疵については違法性を認めず，避難勧告義務違反については，次のような判断を示しました。

「気象情報や降雨情報のみで避難勧告発令を義務付ける必要性までは認められないものの，第3回災害対策本部員会議が開催された平成2年11月5日午前7時30分までに同本部において収集した被災情報等に照らせば，……遅くとも同時点においては，避難勧告発令を相当とする事情が存在したと認められる」としました。

しかし，この時点で町が避難勧告を発令しなかったのは，11月5日午前7時以降小雨状態になってきており，避難勧告を発令しても，地域の有線放送が不通となり，A宅の存在する地区

に通じる国道の一部が通行不能となっていることから避難勧告の伝達が極めて困難であったことなどの事情もありました。それでも，小雨となってきたからといって，がけ崩れの危険が直ちに減少するものではなく，避難勧告の伝達が困難であっても，具体的危険が切迫していると予見できるときには避難勧告の必要があるといえるとしました。

　この事例で裁判所は，避難勧告を発令しなかったことは必ずしも相当であったとはいい難いとしつつ，なおその判断が著しく不合理なものであり，国家賠償法上違法であるとはいえないとしました。

　なお，ここでは，「仮に同時点において避難勧告を見合わせたことが違法であるとしても……」として，避難勧告を行わなかったことが違法であったとしても，結果回避可能性が充足されないことについても言及しています。

　これら土砂災害に関する行政の責任の裁判例では，いずれも国等の賠償責任を認めていませんでしたが，そのような裁判例ばかりではありません（飛騨川バス転落事故：名古屋高等裁判所昭和49年11月20日　高等裁判所民事判例集27巻6号395頁など）。

　土砂災害の発生を的確に予測できない以上，土砂災害に関する避難誘導や避難に関する情報提供（土砂災害警戒情報や避難勧告など）との関係では，行政の責任が認められる可能性は低いものと考えられます。

　一方で，行政が行ったがけの補強工事などに問題がある場合

や，災害の危険があるにも関わらず補強工事を正当な理由がなく先延ばしているといった事情がある場合に土砂災害が発生したときには，その管理上の問題として責任を問われる可能性はあるでしょう。ただし，補強工事などにかかる費用については，国や地方公共団体の抱える財政問題とも関係してくるもので，「災害対策」であるからといって，すべてのがけや様々な災害に関する危険な箇所の整備を短期間のうちに行うことが可能なわけではありません。

　このため，あらゆる災害において，特に「事前防災」の観点では，行政に頼ることのない災害対策を考えていかなければならないといえるでしょう。

Ⅳ 土砂災害を防ぐためには

1 土砂災害を防ぐための法制度などのあり方

　わが国の災害法制は，災害の経験を経て改正されてきました。土砂災害の経験を経て，土砂災害に関する法令が改正され，または新たな法令が整備されることによって，災害を未然に防ぎ，または土砂災害の被害を軽減することが可能になる場合があります。

　2020年には，都市再生特別措置法等の改正が行われました。ここでは，「安全なまちづく」のための施策として，土砂災害特別警戒区域といった災害レッドゾーン[21]では，これまでも貸しオフィスや貸店舗，分譲住宅などの開発行為が禁止されていましたが，これに加えて，自社ビルやホテル，病院などの自己業務用施設についても原則として禁止することとされました。

　法制度の整備によって，新たな制度を導入することも重要でしょうが，Ⅰ.3で触れたような砂防施設などのハード面の対策を進めることも重要になります。

　2018年の西日本豪雨によって大きな被害を受けた愛媛県では，その後の「警戒避難体制強化のための土砂災害対策検討委員会」[22]を発足させ，土砂災害対策についても議論を行っていましたが，ここでも，ハード面の対策の重要性が示されていま

---

(21)　土砂災害特別警戒区域のほか，災害危険区域，地すべり防止区域，急傾斜地崩壊危険区域が含まれます。

(22)　愛媛県ウェブサイト（https://www.pref.ehime.jp/h40700/kentouiinkai.html，2020年7月10日最終閲覧）参照。

す。

一方で，ハード面の対策には，莫大な費用が必要となることから，土砂災害の危険がある箇所が多い地域では，優先順位を決めてハード面の対策を講じたとしても，直ちに災害上必要な程度の補強工事などが行えるわけではないでしょう。

このため，3でも触れるような，ソフト面の対策も重要なものになります。国は，「土砂災害警戒避難ガイドライン」を2007年に定め，土砂災害の危険のある箇所の周知など，土砂災害への警戒避難を的確に行うことができるような対応を行ってきました。

2014年の広島市での土砂災害を受けて，ガイドラインは改正され，土砂災害の危険性等の周知や情報の収集・伝達，避難勧告等の発令基準等に関する改正が行われています。

また，2019年の改正された「避難勧告等に関するガイドライン②（発令基準・防災体制編）」では，「土砂災害を対象とした避難勧告等の発令対象区域設定の考え方」として，次のように指針が示されています。

○土砂災害は，受け取った居住者・施設管理者等が危機感を持ち適時適切な避難行動につなげられるようにする観点から，避難勧告等の発令対象区域については，危険度に応じてできるだけ絞り込んだ範囲とすることが望ましい。

○避難勧告等の発令範囲を絞り込むため，土砂災害警戒区域・危険箇所等を避難勧告等発令の対象要素としてあらかじめ定めておき，土砂災害に関するメッシュ情報において危険度が高まっているメッシュと重なった土砂災害警戒区域・危険箇

　　所等に避難勧告等を発令することを基本とする。

○なお，災害の発生を把握した場合は，発生箇所や周辺区域を
　含む事前に設定した発令区域内の土砂災害警戒区域・危険箇
　所等に災害発生情報を発令する。状況に応じて，その周辺の
　発令区域も含めて避難勧告等を発令することを検討する。

国土交通省資料より（https://www.mlit.go.jp/river/sabo/pdf/190703_
　hinankankoku-kangaekata.pdf，2020 年 7 月 10 日最終閲覧）

砂防施設の事例　愛媛県資料より（https://www.pref.ehime.jp/h40700/
　documents/06-4syou.pdf，2020 年 7 月 10 日最終閲覧）

急傾斜地崩壊対策施設の事例　愛媛県資料より（https://www.pref.ehime.jp/
h40700/documents/06-4syou.pdf，2020 年 7 月 10 日最終閲覧）

2　地域での取組み

　土砂災害対策として，地域の中で独自の取組みがなされてい
る例があります。

　山形県では，県内の市町村と国土交通省新庄河川事務所と連
携して「まるごと里ごと土砂防災及びハザードマップ」の取組
みが行われています。

　ここでは，①住民らが地区内を歩き，避難場所や土砂災害の
危険のある個所などを確認することや過去の土砂災害の被害を
確認すること，②DIG と呼ばれる図上検討で，地図上で地区

内を実際に歩いて確認した危険な箇所や状況などを検討すること，③避難経路図の作成をし，土砂災害に関する情報の伝達方法等の確認，避難誘導に効果的な標識などを地区内に設置することなどを通じて，住民の防災意識の向上や災害時の避難経路の確保など，ソフト面の対策を中心とした取組みが行われています。

　最終的には，地区のハザードマップの作成などをすることで，防災への取組みの継承も期待されるところでしょう。

国土交通省　新庄河川事務所ウェブサイトより（http://www.thr.mlit.go.jp/shinjyou/01_bousai/marugoto_hazado/marugoto_hazado.html，2020年7月10日最終閲覧）

Ⅳ　土砂災害を防ぐためには

国土交通省 新庄河川事務所 ウェブサイトより（http://www.thr.mlit.go.jp/shinjyou/01_bousai/marugoto_hazado/ marugoto_hazado.html、2020 年 7 月 10 日最終閲覧）

84

　こうした取組みは，山形県だけではなく，その他の多くの地域でみることができ，「土砂災害警戒避難は『日常からの備え』『豪雨前の確実な避難』が重要」という意識の下で，取組みが行われています[23]。

　また，このような住民の防災意識向上や避難のあり方などの対策は土砂災害に限らず，水害に関して行われている例もあります。滋賀県は，近時の災害の発生状況から，総合的な治水の必要性等があるとして「滋賀県流域治水の推進に関する条例」を 2014 年に制定し，ここで，浸水の危険のある地域などでは，地域の中での避難場所の確保や避難のあり方などの対策について住民が積極的に取組んでおり，注目される取組みがなされているところです[24]。

3　ソフト面に着目した対策のあり方

　ハード面の対策としての砂防施設の設置等は，費用や設置までの時間がかかることなどから，今年，来年にも発生するかもしれない土砂災害に対して，周辺住民や地方公共団体などが行うことには限界があります。

　このため，ソフト面の対策としての住民の早期の避難行動やそのための行政による情報提供が重要なものとなっています。

　今日，従来型の行政の広報車や防災行政無線，テレビ，ラジ

---

[23]　国土交通省資料（https://www.mlit.go.jp/river/sabo/hinan_jireishu.pdf，2020 年 7 月 10 日最終閲覧）を参照してください。

[24]　『ど～する防災【水害編】』47 頁以下，76 頁以下も参照してください。

オなどによる情報伝達だけではなく，インターネット，SNS
を通じた迅速な情報提供ができるようになっています。

　国土交通省は，土砂災害に関する情報を迅速に発信する手段
として，Twitter（https://twitter.com/MLIT_JAPAN#80）を用
いていますし，都道府県や市町村でも Twitter などを用いた情
報発信を行っています。

　例えば，2016 年の熊本地震では，自治体における情報発信
手段として，防災行政無線や防災メールなどに限らず，ホーム
ページや SNS などのインターネットツールが活用されました。

　2011 年の東日本大震災時は，次のページのグラフにあるよ
うに，スマートフォンの普及率は 3 割程度でした。これが，熊
本地震が発生した 2016 年には約 7 割，2018 年には約 8 割の普
及率となっています。

　スマートフォンなどの通信機器が普及したことによって，私
たちが情報を受け取る手段も多様なものになります。しかし，
SNS などによる情報発信については，情報の正確さなどの問
題も指摘されますし，SNS の運用者への負担や SNS アカウン
トの不正使用の問題も検討しなければならない課題といえるで
しょう。

情報通信機器の世帯保有率の推移

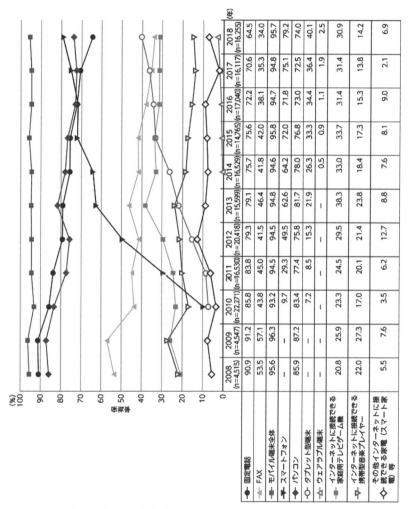

	2008 (n=4,515)	2009 (n=4,547)	2010 (n=22,271)	2011 (n=16,530)	2012 (n=20,418)	2013 (n=15,599)	2014 (n=16,529)	2015 (n=14,765)	2016 (n=17,040)	2017 (n=16,117)	2018 (n=16,255)
固定電話	90.9	91.2	85.8	83.8	79.3	79.1	75.7	75.6	72.2	70.6	64.5
FAX	53.5	57.1	43.8	45.0	41.5	46.4	41.8	42.0	38.1	35.3	34.0
モバイル端末全体	95.6	96.3	93.2	94.5	94.5	94.8	94.6	95.8	94.7	94.8	95.7
スマートフォン	-	-	9.7	29.3	49.5	62.6	64.2	72.0	71.8	75.1	79.2
パソコン	85.9	87.2	83.4	77.4	75.8	81.7	78.0	76.8	73.0	72.5	74.0
タブレット型端末	-	-	7.2	8.5	15.3	21.9	26.3	33.3	34.4	36.4	40.1
ウェアラブル端末	-	-	-	-	-	-	0.5	0.9	1.1	1.9	2.5
インターネットに接続できる家庭用テレビゲーム機	20.8	25.9	23.3	24.5	29.5	38.3	33.0	33.7	31.4	31.4	30.9
インターネットに接続できる携帯型音楽プレイヤー	22.0	27.3	17.0	20.1	21.4	23.8	18.4	17.3	15.3	13.8	14.2
その他インターネットに接続できる家電（スマート家電）等	5.5	7.6	3.5	6.2	12.7	8.8	7.6	8.1	9.0	2.1	6.9

令和元年版情報通信白書（https://www.soumu.go.jp/johotsusintokei/whitepaper/ja/r01/html/nd232110.html，2020 年 7 月 10 日最終閲覧）

主な情報発信手段別の活用状況と想定される工夫・対応策

主な情報発信手段		活用状況や課題（主な評価やコメントを集約）	想定される工夫・対応策
直接広報手段型（直接拡散）	防災行政無線 (10)	・活用したものの、聞き取りにくい等の課題もあり（詳細を後述）。	1) 間接広報手段の積極的な活用 自治体職員のマンパワーが限られていることから、幅広く災害情報を配信できるよう間接広報手段を活用した多重的な発信が重要である。
	広報車・自治会等による周知 (4)	・地元の消防団や自治会組織などをおして情報発信を効果的に行うことができた。一方、自治体職員の情報伝達にはICTを活用した効率化の余地がある。	
	防災メール (6)	・職員・消防団向け登録制メールを防災に転用し、拡散。	2) 入力・確認のフォーマット化と入力支援の環境整備 複数のツールを利用する場合、データベース形式で確認プロセスを経てフォーマット化したり、入力支援の環境を整備したりすることにより利便性を向上させる。
	ホームページ (12)	・入力情報のSNS連携をはじめ、効果的に活用できた。一方で、インターネットによる各種の情報発信では課題がある。 ○各種の情報発信をウェブ担当者へFAX送信→更新というフローや、複数担当課による情報作業を要し、掲載まで時間差が発生。	
	SNS (5)	・市長自らの発信が住民から好評であった。一方、職員内の内容を確認できずず、業務に支障が発生。 ・市の公式アカウントは登録制であることから必ずしも情報がいきわたっていないため、日頃から登録を促進することが望ましい。 ・リアルタイムな情報のアップデートが求められるため、作業が煩雑になってしまう（古いと誤りがあると誤解されやすいため）。	3) 発信情報のメンテナンス 関係自治体によるアラートへの入力の促進、ストップ化されていく情報については、時点情報の掲載や定期確認が必要という声があった。
間接広報手段型（間接拡散）	テレビ (6)	・高齢者にとって馴染みのあるテレビをかして効果的に発信（対策本部の報道発表等）できた。一方、放送局とは電話でのやり取りが増えてしまうなど、効率的な情報共有に課題。	
	コミュニティFM (2)	・被災状況や生活情報を発信してもらう等で連携体制を構築。	
情報プラットフォーム型	Lアラート (4)	・自治体側は入力しているだけで関心から問い合わせが殺到。一方、利用側からみると、自治体側でうまく運ばない「ムラ」があったり、「障度」が不明な場合、確認の問い合わせが必要になるいつ。上記ウェブ系の他、普段から慣れていないLアラートの独自フォーマットへの入力など、同じ発信内容でも手段ごとに作業が違うという業務が煩雑になった。日常的に利用していないと手間の発生した。	4) テレビの更なる活用 テレビの稼働を高めるとともに、特に訴求力の高いテレビ（字）を活用した情報発信を行う。

平成 29 年版情報通信白書より（https://www.soumu.go.jp/johotsusintokei/whitepaper/ja/h29/html/nc153110. html、2020 年 7 月 10 日最終閲覧）

　様々な手段を用いて災害に関する情報を手にすることで，いざ災害が発生し避難が必要な場合には，迅速な避難行動を行うことが可能になります。

　例えば河川の氾濫や降水量の状況，土砂災害の危険性などの情報が，いち早く手元に届くことによって，私たちは避難行動を取ることが可能になる場合があります。

　一方で，「事前防災」の観点からは，インターネットやSNSによる情報収集ではなく，「日ごろからのそなえ」として，地域の中の危険な箇所や避難場所の確認，避難経路上の危険箇所といった，私たちが実際に地域の中や危険な箇所とされる地点を歩いてみて，目で見て確認をするといった方法が重要になるといえます。

　特に若い世代ほど，自らの体力や避難行動のあり方，情報収集などを過信し，日ごろからの防災意識が低下している可能性もあります。大雨などでは自宅での被災はもちろんのこと，避難途中の被災も多く発生していますし，避難場所で被災することもあります。「早めの避難」はもちろん大切なことですが，自分や家族の身を守ることについて，自分で適切な判断ができるように，日ごろから防災のあり方を考えることも重要なことといえるでしょう。

国土交通省

土砂災害の特性を考慮した避難の考え方

○土砂災害警戒区域の「内」から「外」へ避難しましょう
○避難場所の安全性を確認しましょう

避難場所が土砂災害警戒区域の外にあるか、事前に土砂災害ハザードマップ等を確認

市町村の指定した避難場所

宿泊施設等

親戚、友人の家

自宅

HOTEL　旅館

←土砂災害が想定される区域（土砂災害警戒区域）

土砂災害警戒区域
土砂災害特別警戒区域

出典：石川県中能登町ホームページ

※指定避難所以外に避難所が開設される場合があります。市町村からの情報に注意しましょう。

○避難場所に避難できない場合の「次善の策」を知っておきましょう

近隣の堅牢な高い建物（鉄筋コンクリート造等）の高層階へ「移動」

自宅外への避難に余裕がない場合や、既に自宅の外が危険な状況の場合、斜面と反対側の2階以上の部屋に「退避」

国土交通省ウェブサイトより（https://www.mlit.go.jp/river/sabo/topics/dosyasaigai.html, 2020 年 7 月 10 日最終閲覧）

Ⅴ おわりに

　土砂災害は，ひとたび発生すると甚大な被害をもたらすことがある災害です。土砂災害は，人を家屋や車ごとのみ込み，のみ込まれた人を死亡に至らせることが多くあります。

2011年台風12号　和歌山県田辺市

　出典：（一財）消防防災科学センター　災害写真データベース

　近年は，気候変動の影響からか毎年のように大雨による洪水などの被害が発生し，同時に多くの箇所で土砂災害も発生しています。集中豪雨などそれ自体を防ぐことは現在の科学においては困難なものといえますので，私たちが大雨に見舞われ，そ

れに伴う災害が発生することを前提として対策を講じなければなりません。

　私は，30年ほどの人生しか歩んでいませんが，そんな私でも，子供のころと比べて，最近は，降水量が多くなったのではないか，災害級の大雨が毎年のように起こっているのではないかと感じることがあります。

　実際に降水量のデータを見てみると，次のようなものがあります。

　これは，気象庁「気候変動監視レポート　2018」の中で示されているアメダスの解析による1日の降水量が200mm以上や400mm以上といった大雨を観測した日数の推移のグラフですが，もちろん年によっての増減はあるものの増加傾向にあることが分かります。

[アメダス] 日降水量 200mm 以上の年間日数

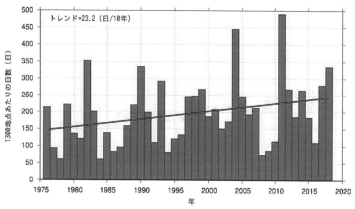

気象庁「気候変動監視レポート　2018」38頁

[アメダス] 日降水量 400mm 以上の年間日数

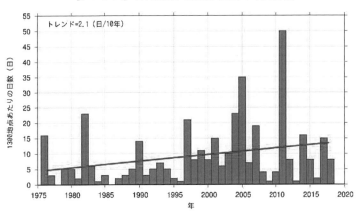

気象庁「気候変動監視レポート　2018」38 頁

　また，雨が少ない年や雨の多い年がありますが，平均的降水
量との差が激しくなっているとも考えられます（雨が少ない時
にはこれまで以上に降雨が少なく，雨が多い時には災害級の大雨と
なっているとされます。）。

日本の降水量偏差

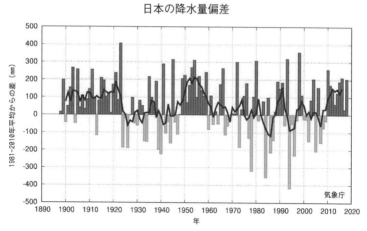

気象庁「気候変動監視レポート　2018」37頁

　私たちの生活の中で避けることのできない災害について，今回は，特に土砂災害に着目しましたが，私たちがどの災害に対しても共通して行える対策は，「避難のあり方」を考えることだと思います。近年，避難に関する情報発信のあり方なども変化していますが，私たちが様々な情報を受け取ることができるようになったことから，自分でどの情報に基づいてどのように行動するか考えることの重要性が増してきているといえるのではないでしょうか。

　政府は，2021年の通常国会で，避難指示，避難勧告を一本化する方針を示しました。発信される情報の変化が激しいこの頃ですが，それだけ災害のリスクが高いということでしょう。私たち自身がしっかりとした知識を身に付ける必要があります。

避難勧告等により住民に対して求める行動

避難準備・高齢者等避難開始

□避難に時間のかかる要配慮者とその支援者は立退き避難する。
□その他の人は立退き避難の準備を整えるとともに、以後の防災気象情報、水位情報等に注意を払い、自発的に避難を開始することが望ましい。

避難勧告

□予想される災害に対応した指定緊急避難場所へ速やかに立退き避難する。
□指定緊急避難場所への立退き避難はかえって命に危険を及ぼしかねないと自ら判断する場合には、「近隣の安全な場所」への避難や、少しでも命が助かる可能性の高い避難行動としての「屋内安全確保」を行う。

避難指示（緊急）

□既に災害が発生していてもおかしくない極めて危険な状況となっており、未だ避難していない人は、予想される災害に対応した指定緊急避難場所へ緊急に避難する。
□指定緊急避難場所への立退き避難はかえって命に危険を及ぼしかねないと自ら判断する場合には、「近隣の安全な場所」への避難や、少しでも命が助かる可能性の高い避難行動として、屋内安全確保」を行う。

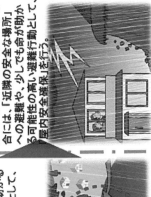

※必ずしも（この順番で）段階的に発令されるものではない

出典：内閣府資料

平成30年版防災白書より（http://www.bousai.go.jp/kaigirep/hakusho/h30/honbun/0b_3s_02_00.html. 2020年7月10日最終閲覧）

（H31．3）避難勧告等に関するガイドラインの主な変更点

●平成30年7月豪雨では、様々な防災情報が発信されているものの、多様かつ難解であるため多くの住民が活用できない状況であった。
●これを踏まえ、住民等が情報の意味を直感的に理解できるよう、防災情報を5段階の警戒レベルにより提供し、住民等の避難行動等を支援する。

警戒レベルを用いた防災情報の発信

①災害発生のおそれの高まりに応じて、居住者等がとるべき行動を5段階に分け、情報と行動の対応を明確化

●【警戒レベル3】高齢者等避難、【警戒レベル4】全員避難とし、避難のタイミングを明確化する
　・避難準備・高齢者等避難開始は警戒レベル3として発令し、高齢者等の避難を促す。
　・避難勧告は警戒レベル4として発令し、全員に避難を促す。
　・避難指示（緊急）は、必ず発令されるものではなく、災害が発生するおそれが極めて高い状況等で、緊急的又は重ねて避難を促す場合等に運用するものとし、避難勧告と同じ警戒レベル4として発令し、全員避難を促す。

●【警戒レベル5】災害発生情報とし、命を守る最善の行動を促す
　・災害が実際に発生しているとの情報は、命を守る行動のために極めて有効であることから、災害が実際に発生していることを把握した場合に、可能な範囲で【警戒レベル5】災害発生情報として発令し、災害の発生を伝え、住民に命を守る最善の行動を求める。

②避難勧告等を発令する際には、それに対応する警戒レベルを明確にして、対象者ごとに警戒レベルに対応したとるべき避難行動がわかるように伝達

③様々な防災気象情報を、警戒レベルとの関係が明確になるよう、5段階の警戒レベル相当情報として区分し、住民の自発的な避難判断等を支援

警戒レベル	居住者等がとるべき行動	行動を居住者等に促す情報	
警戒レベル5	既に災害が発生している状況であり、命を守るための最善の行動をする。	災害発生情報※ ※災害が実際に発生していることを把握した場合に、可能な範囲で発令	市町村が発令
警戒レベル4	・指定緊急避難場所等への立退き避難を基本とする避難行動をとる。 ・災害が発生するおそれが極めて高い状況等で、指定緊急避難場所への立退き避難はかえって命に危険を及ぼしかねないと自ら判断する場合には、近隣の安全な場所への避難や建物内のより安全な部屋への移動等の緊急の避難をする。	避難勧告 避難指示（緊急）※ ※地域の状況に応じて緊急的又は重ねて避難を促す場合等に発令	
警戒レベル3	避難に時間のかかる高齢者等の要配慮者は立退き避難する。その他の人は立退き避難の準備をし、自発的に避難する。	避難準備・高齢者等避難開始	
警戒レベル2	ハザードマップ等により災害リスク、避難場所や避難経路、避難のタイミング等の再確認、避難情報の把握手段の再確認・注意など、避難に備え自らの避難行動を確認する。	注意報	気象庁が発表
警戒レベル1	防災気象情報等の最新情報に注意するなど、災害への心構えを高める。	警報級の可能性	

出典：内閣府ホームページ（避難勧告等に関するガイドラインの改定（平成30年度））
　　（参照：http://www.bousai.go.jp/oukyu/hinankonkoku/h30_hinankonkoku_guideline/index.html）

令和元年版防災白書より（http://www.bousai.go.jp/kaigirep/hakusho/h31/
zuhyo/zuhyo_t033.html，2020年7月10日最終閲覧）

〈著者紹介〉

村中 洋介（むらなか ようすけ）

　1987 年生まれ。2014 年，博士（法学）。同年首都大学東京法科大学院助教。電力中央研究所主任研究員を経て，2019 年より静岡文化芸術大学専任講師。

　本書のシリーズに，『ど〜する防災【風害編】──災害と法』（単著，信山社，2020 年）『ど〜する防災【地震・津波編】──災害と法』（単著，信山社，2020 年），『ど〜する防災【水害編】──災害と法』（単著，信山社，2019 年）。

　近年の著作として，『条例制定の公法論』（単著，信山社，2019 年），『たばこは悪者か？──ど〜する？受動喫煙対策』（単著，信山社，2019 年），『新・基本行政法』（共著，有信堂，2016 年），『判例で学ぶ日本国憲法〔第 2 版〕』（共著，有信堂，2016 年）など。

　災害・防災について，「大川小学校津波訴訟控訴審判決」自治研究 95 巻 7 号（2019 年），「災害時の学校・避難場所としての責務：野蒜小学校津波訴訟」自治体学 32 巻 1 号（2018 年），「災害と国家賠償──津波警報の適法性と地方公共団体による避難誘導（行政の責務）」行政法研究 16 号（2017 年），「災害対策基本法に基づく地方公共団体の『避難行動要支援者名簿』の作成と個人情報保護」都市問題 107 巻 4 号（2016 年）など。

信山社ブックレット

〈災害と法〉

ど〜する防災【土砂災害編】

2020（令和 2）年 8 月20日　第 1 版第 1 刷発行

Ⓒ著 者　村　中　洋　介
発行者　今井 貴・稲葉文子
発行所　株式会社 信 山 社
〒113-0033　東京都文京区本郷 6-2-9-102
Tel 03-3818-1019　Fax 03-3818-0344
笠間才木支店　〒309-1611 茨城県笠間市笠間 515-3
Tel 0296-71-9081　Fax 0296-71-9082
笠間来栖支店　〒309-1625 茨城県笠間市来栖 2345-1
Tel 0296-71-0215　Fax 0296-72-5410
出版契約 No.2020-6089-01011

Printed in Japan, 2020 印刷・製本 ワイズ書籍(M)／渋谷文泉閣
ISBN978-4-7972-6089-2 C3332 ¥1000E 分類 323.900
p.112 6089-01011：012-015-005

環境法研究 第10号

大塚 直 責任編集

創刊第 10 号　特別企画

特集 環境法最新判例解説

信山社

現代選書シリーズ

未来へ向けた、学際的な議論のために、
その土台となる共通知識を学ぶ

信山社

条例制定の公法論　村中洋介

信山社

◆ 信山社ブックレット ◆

たばこは悪者か？
―ど〜する？ 受動喫煙対策　村中洋介

信山社

◆ 信山社ブックレット ◆

＜災害と法＞
ど〜する防災【水害編】 村中洋介

信山社

◆ 信山社ブックレット ◆

＜災害と法＞
ど〜する防災【地震・津波編】

村中洋介

信山社

◆ 信山社ブックレット ◆

＜災害と法＞
ど～する防災【風害編】

村中洋介

信山社